Cédric Gras

Anthracite

Gallimard

Cédric Gras est un écrivain géographe né en 1982. Il a vécu dix années en Russie et en Ukraine tout en sillonnant l'Eurasie, des Carpates au Pacifique. Il a notamment créé les Alliances françaises de Vladivostok et de Donetsk, où il était au moment de la crise du Donbass en 2014. Il est l'auteur de plusieurs récits de voyage dont *L'hiver aux trousses : Voyage en Russie d'Extrême-Orient*. *Anthracite* est son premier roman.

Eh ! Mineur de fond !
La chaleur et l'électrique,
Tout naît du charbon,
même notre pitance
Est fruit de l'anthracite.

VLADIMIR MAÏAKOVSKI, 1921

Vladimir Ilitch

Alors que j'étais encore à l'âge de l'innocence politique, mes parents ont tenu à éclaircir le mystère de mon prénom avec gravité :

— Vladlen, cela signifie VLADimir LÉNine, mon garçon, tu étudieras plus tard sa vie et son œuvre. En attendant, va jouer dans la cour avec Émile, le petit des voisins de palier. Papa doit prendre son tour de nuit à la mine.

Les copains m'appelaient banalement Vlad, comme tous les Vladimir de toutes les Russies. Je n'ai compris que plus tard avoir été marqué au fer rouge par le bolchevique en chef. Encore étais-je bien loin d'imaginer que je survivrais à la grande URSS et que l'on abattrait les statues socialistes comme de vieux chênes, tombant dignement sur les grand-places et les boulevards. De Lénine, il ne resterait plus que des souches en granit ou en marbre et plusieurs générations de Vladlen anachroniques.

À la belle époque de l'URSS, on n'hésitait pas à appeler sa progéniture à l'aide de contractions osées. Kid se décomposait en *Kommunisticheski IDeal*, Ouyoukoss signifiait « (h)OUrra,

YOUra (Gagarine) est dans le COSmos » et Stalet n'était autre que l'association de : STAline + LÉnine + Trotski. On baptisait à grand renfort d'acronymes soviétiques. À tout prendre, j'aurais préféré le mariage des syllabes patronymiques d'un astronaute et d'un explorateur polaire. Seulement, quand ma mère me mit au monde, la grande Union était déjà sur la pente glissante du déclin. La machine à héros était enrayée. Les Américains avaient marché sur la Lune. Les étoiles de la galaxie rouge pâlissaient et il ne demeurait plus, dans les profondeurs sidérales de l'univers socialiste, que ce lointain soleil des origines, irradiant encore un peu d'espoir et d'absolu : Lénine.

L'hystérie des onctions soviétiques était d'ailleurs passée de mode en même temps que Staline à trépas. Il n'y avait plus eu que mes parents ou presque pour commettre l'impair. Plus tard, quand le mur de Berlin s'émietta, l'Europe de l'Est exulta d'un revanchard « *Good bye Lenin* ». L'Ukraine que nous habitions proclama son indépendance. Les monuments à Vladimir Ilitch y furent encore aimablement tolérés quelque vingt années, jusqu'à l'hiver 2014 où la révolution dite de Maïdan éclata. La révolution précédente, « orange », n'avait pas fait l'affaire. Les révolutions n'aboutissent jamais du premier coup. Mystérieux sont la science des émeutes, l'alchimie des soulèvements populaires et l'art de la pyromanie des consciences.

À l'hiver 2014, donc, dans un Kiev survolté, la foule furieuse se mit à dézinguer toutes les idoles communistes. Elle détruisait les plâtres, les granits, les bronzes, la fonte, les effigies, elle abattait les grands Lénine, les petits, les statues où il montrait la voie (sans issue), celles où il indiquait Moscou, coiffé de son béret d'ouvrier, l'autre main sur le revers de sa veste. Elle mettait à bas tous les avatars du socialisme. Elle cognait le spectre d'une URSS qui la hantait. Elle défoulait sa haine contre les fantômes soviétiques, taillant tout cela en pièces et veillant jusqu'à l'aube, comme si les sculptures avaient eu le pouvoir de se redresser à la faveur de la nuit. Et d'une certaine manière c'est ce qui arriva : l'empire fut ravivé.

L'Ukraine était loin d'être constituée d'un seul bloc, monolithique, à l'image des monuments à Vladimir Ilitch. Elle était fêlée de la frontière biélorusse aux rivages de la mer Noire, en une diagonale zébrée de fissures secondaires. Aussi, quand sa partie occidentale leva un poing révolutionnaire, son alter ego oriental resta de marbre, le bras ballant le long du corps, dans un silence éloquent faisant écho à la clameur de Maïdan. Ceux de l'Ouest prônaient une affinité avec l'Europe, garant de leur ukrainité, ceux de l'Est et du Sud, en fait d'union, n'en reconnaissaient guère qu'une : l'URSS. On n'aurait jamais dû se séparer.

Alors l'Ukraine se scinda rapidement en deux : celle où Lénine avait été fauché – près d'un siècle après Octobre rouge ! – et celle où il tenait encore fièrement debout, défendu jour et nuit par les partisans d'une contre-révolution qui se mua vite en sécession. Il y eut la partition fulgurante de la péninsule de Crimée. Puis ce fut le tour de ma région : le Donbass. Une flopée de petites bourgades minières ou sidérurgiques se déclarèrent en insurrection par la voix d'une poignée de mercenaires. Nous causions dans la langue de Pouchkine, nos usines étaient frappées du sceau du marteau croisant la faucille. Notre ukrainité se déclinait à la carte. Les statues de Lénine n'avaient pas tremblé. À la pâque orthodoxe, deux mois après Maïdan, le pouvoir révolutionnaire ne se manifestait plus qu'au niveau des nuages, par quelques vieux avions de chasse faisant un bruit épouvantable. Essénia – mon nouvel amour – plissait les yeux en écartant sa frange pour tenter de les apercevoir. Elle répétait :

— Les salauds ! Ils envoient l'armée de l'air et des chars contre le Donbass ! Ils ne peuvent pas mettre le grappin sur trois andouilles et deux mitraillettes ? Est-ce qu'on y est pour quelque chose, nous ? On n'a rien demandé ! Ni la révolution ni la sécession !

Hitler kaput

Quand la lourdeur caniculaire plomba enfin les steppes du Donbass et l'Ukraine tout entière, il était trop tard pour la paix ou toute autre espèce de compromis.

Le 9 mai au matin, alors que Moscou faisait déjà parader ses têtes nucléaires à la faveur du décalage horaire, j'avalais des saucisses et une platée de sarrasin devant le poste de télévision.

« *À Donetsk, des tribuns cagoulés haranguent le peuple aux balcons dans une forêt de bannières impériales et communistes. Un métis russo-ougandais surnommé le "Lénine noir" exhorte la foule au national-bolchevisme...* »

— Un Lénine noir ! En voilà encore une invention ! a déclaré Essénia en couvrant la voix du journaliste.

« *Des processions de femmes armées d'icônes prient pour la sainte Russie. Les élites sont aux abois, l'autorité est évanescente, les partisans de l'Ukraine ont déguerpi.* »

— Et maintenant la sainte Russie ! Ils vont ressusciter le tsar ou bien quoi ? Et puis éteins cette télé, a-t-elle ordonné. Cela ne nous concerne pas… Tout ça, ce n'est que de la *politika*. Qu'est-ce que l'on peut y faire, à cette tambouille oligarchique et à ce tintamarre nationaliste ? Éteins, je te dis ! Alors quoi ? Ils s'agitent, tous, comme s'ils n'étaient pas des marionnettes. On les soudoie pour renflouer les manifestations, de même qu'on les payait à voter pour ce brigand d'ex-Président !

J'ai remercié Essénia d'un baiser pour le petit-déjeuner, revêtu mon costume de parade, immaculé, gants blancs et képi assorti. J'ai déverrouillé successivement les deux portes de l'appartement, traversé les parties communes décrépies et attendu l'ascenseur biélorusse Mogilev, celui qui équipe toutes les barres de béton khrouchtchéviennes, de Donetsk au Kamtchatka et de Lviv à Almaty ; le genre de mécanique qui a plus solidement soudé les citoyens soviétiques à travers toutes les ex-républiques que les idées léninistes elles-mêmes. L'expérience quotidienne d'un même environnement manufacturé forge les identités plus sûrement que les théories politiques. C'est aussi cela la nostalgie de l'URSS, la mémoire attendrie de l'industrie nationale. On se souvenait dans un soupir nostalgique des appareils ménagers soviétiques, des réfrigérateurs Minsk ou Dniepr, des magnétophones Komiéta, des distributeurs d'eau gazeuse dans les rues et même des confiseries chocolatées coulées dans le *kombinat* de Léningrad : tout l'univers du *made in USSR*. À Donetsk, c'était l'anthracite.

Afin de ne pas attirer l'attention, je sortais toujours avant Essénia. Nous nous retrouvions un peu à l'écart des commérages, au kiosque à journaux, où les unes ne titraient que sur les sombres nuages s'accumulant sur le Donbass. Au milieu de la cour, la tôle de ma Lada dernier cri chauffait au soleil continental. Je me consolais de cette voiture trop populaire en invoquant le panthéon slave. Lada ne désignait rien moins que la grande déesse de l'amour chez les païens. J'ai ouvert les quatre portières pour ventiler, patientant quelques minutes, droit et raide comme un général, engoncé dans mon uniforme enfariné, fin prêt pour les célébrations.

Dans toute l'ex-URSS, le mois de mai incarnait le triomphe sur le nazisme. « Hitler kaput », s'amusait une fameuse réplique du cinéma soviétique. Cette victoire-là avait soudé l'Eurasie, des Carpates au Pacifique, survécu à la dislocation des républiques socialistes. Dans les yourtes des lamas bouddhistes de Transbaïkalie, le portrait du dalaï-lama trônait encore au côté de celui de Staline. La lutte contre le Führer formait un ciment inaltérable de la mosaïque eurasiatique. Et voilà que l'Ukraine se révoltait contre cette fraternité historique en parlant d'« occupation soviétique ». Le torchon brûlait entre les anciens camarades de l'Armée rouge. La « grande guerre patriotique » ne faisait plus l'unanimité. Le Donbass était outré, les tanks des défilés commémoratifs menaçaient de parader canons chargés. Dans toutes les cuisines, on s'était mis à débattre avec fatalisme. Fallait-il prendre la poudre d'escampette ? Et devait-on s'esquiver vers l'Est ou vers l'Ouest, sachant qu'une partie de l'ancien bloc socialiste aspirait à intégrer l'Occident ?

La Lada prenait l'air. Je rêvassais à l'ombre des arbres de la cour d'immeuble, qui distillaient leur pollen blanc comme une neige de printemps. Des babouchkas vissées sur un banc fourbissaient leurs langues de vipère, à l'affût de cancans et de ragots, tenant la liste des allées et venues. Essénia est sortie à son tour, son violon en bandoulière, vêtue d'une robe légère. Lançant ses jambes minues dans les escaliers rongés, elle rayonnait de pouvoir enfin porter sa collection estivale, sa taille de guêpe ceinte de tissus éthérés. Le regard acide des grands-mères s'est posé sur ses talons hauts et son ventre plat. Sur les lèvres du trio de petites vieilles, on pouvait lire le mot « *prostitutka* » rythmer leurs commérages. Je n'ai pu m'empêcher de sourire. Elles ne pardonnaient pas aux jeunes générations de n'être plus astreintes au foyer. Essénia avait trente ans et pas l'ombre d'un enfant.

Tout mon être était aux anges. Si les babouchkas siégeaient de nouveau dans la cour, c'était donc que le printemps avait définitivement pris ses quartiers. Le troisième âge ridé, froissé et amer constituait un indicateur climatique plus fidèle que les baromètres ou les prévisions météo. Le moteur de la Lada a bien voulu démarrer, dans un toussotement et un petit panache noirâtre. J'ai filé vers le kiosque. Essénia m'y attendait, son visage offert au soleil, comme un tournesol. Elle s'est assise à mes côtés, sur le siège presque percé par les ressorts. Ses cheveux raides, d'un noir brillant, assidûment teintés, mangeaient son profil et n'en laissaient voir qu'un bout de nez, parfois une moue du bout des lèvres au-dessus d'une pointe de menton. Son regard était diminué d'une frange trop longue qui lui coupait la vue comme un pare-soleil. Elle baissait constamment ses pupilles par une timidité coquette en mouvant doucement ses épaules et, par là, sa poitrine. Cet amour-ci durerait au-delà de l'été.

J'ai embrayé insensiblement. Le ciel était bleu comme jamais. Les femmes, exquises, ne sortaient plus que revêtues de dentelles, de cotonnades, de voiles et de satin. Les hommes arboraient des airs ingénus à leur passage et à leurs effluves. Les pollens immaculés et velouteux volaient par les allées. Le printemps ! Qui aurait misé sur la guerre ? Mais elle est comme cela, la guerre, capricieuse. Elle a ses préliminaires et ses faux départs, elle autorise les petits bonheurs avant de les réduire en bouillie, elle a ses rues qu'elle épargne et ses villes martyres. Elle couvait. Ce jour-là, elle m'a désigné du doigt, dans ma petite Lada. Mon bonheur est parti en fumée en quelques heures. Il n'y aurait pas même un combat. Je devais déposer Essénia à la répétition de l'orchestre philharmonique, au centre de Donetsk. Quelques obus l'ont depuis égratigné mais, alors, l'Opéra imposait ses colonnes staliniennes sur la rue du Bolchevique-Artiom. Non loin de là, des barricades et des barbelés cernaient le siège du gouverneur assailli d'insurgés. Essénia est descendue, svelte et gracile. Elle a disparu prestement avec sa boîte à violon par l'entrée des artistes.

J'ai souvent tenté par la suite de formuler ce qui avait pu chez elle m'investir de tant de certitude et d'évidence. Je crois qu'il s'agissait le plus prosaïquement du monde de son visage. Cette figure de l'autre, avec ses airs, ses mines, et ses soupirs, qu'on a sempiternellement plein la vue. Il fallait être certain de ne jamais arriver à s'en lasser, ni de son front ni de son nez et sous aucun prétexte de ses lèvres. Le visage conjuguait l'éclat de l'âme aux mystères de l'attrait. J'en avais fait la clé de voûte d'une nouvelle harmonie. Les traits d'Essénia m'éblouissaient, ses joues légèrement creuses sous des pommettes discrètes, sa bouche aux commissures relevées par des sourires imperceptibles. Car elle riait des yeux, plissant jusqu'à ses tempes sa peau blanche. Essénia possédait un charme inné que presque tous les artifices diminuaient. La gente féminine ukrainienne, lourdement fardée et sophistiquée, n'influençait jamais sa mode, légère et évidente. Essénia n'avait aucun effort à faire devant les miroirs, si ce n'était pulvériser un zeste de poudre et une larme de parfum.

Essénia une fois disparue dans l'antre de l'Opéra, j'ai abaissé le pare-soleil et pris la direction du parc des Komsomols-de-Lénine. Les commémorations devaient se tenir au pied du magistral monument aux libérateurs du Donbass, parmi les vieux tanks T-54, T-34 et des canons d'artillerie ZiS qui avaient repoussé la Wehrmacht. Qui imaginait alors qu'ils reprendraient du service ? On percevait la rumeur d'une foule en colère et l'écho sourd des slogans hurlés dans l'air chaud. Tout ce qui se chuchotait d'ordinaire dans les cuisines se criait soudain aux tribunes : « Référendum ! », « Le nationalisme ukrainien ne passera pas ! », « Sécession du Donbass ! », « Russie ! »... Je me suis prudemment résolu à garer ma Lada pour cheminer par la contre-allée. Des milliers de personnes paradaient, brandissant des emblèmes russes ou soviétiques. Pas un drapeau ukrainien. Des vétérans croulant sous les médailles marchaient à petits pas, copieusement applaudis par une foule arborant à l'unanimité les rubans de Saint-Georges orange et noir, de la grande victoire sur Hitler. La sécession les avait repris à son compte comme si un autre Führer pointait son nez aryen à l'ouest de l'Ukraine. Les anciens soldats, aujourd'hui cacochymes, avaient survécu à l'effroyable invasion nazie ayant balayé l'Est jusqu'à Stalingrad. Comment Kiev osait ne pas célébrer ces héros ?

J'ai franchi les rangs pour rejoindre la scène. Mes compères avaient déjà déballé trompettes et tambours. D'ordinaire j'officiais comme chef d'orchestre à l'Opéra. Mais parfois la mairie nous priait de venir réciter des airs officiels. Ce n'était pas notre tasse de thé. Avec quelques joyeux lurons, nous préférions tordre le cou aux rigueurs des musiques solennelles. Afin d'arrondir les fins de mois, nous interprétions des airs trop connus dans des mariages de parvenus. Quand l'assemblée ivre ne prêtait plus l'oreille à nos mélodies, notre violoniste se lançait dans des morceaux de musique klezmer endiablés. Il était juif d'une vieille famille de Bessarabie. Je voyais ses lèvres murmurer des chants en yiddish. Sa famille avait péri dans les ghettos juifs de Chisinau ou d'Odessa. Un à un, les pogroms de l'Empire russe, les rafles de l'armée roumaine ou l'antisémitisme des Soviétiques avaient emporté et déporté ses aïeux. Sa mère s'était faufilée au travers des lignes ennemies de l'histoire. Il frottait son archet sur ses quatre cordes pour leur rendre hommage, et nous avec. Nous étions des poètes de la partition, des toqués de l'arpège, des aliénés du pizzicato. Les seules guerres que nous concevions étaient celles des opérettes entre des barytons barbus et des contre-ténors, sous les hurlements de divas aux décolletés abyssaux et aux lèvres vermeilles.

Étais-je si candide alors ? Ai-je cru que la sécession était un tableau d'opéra en trois actes et que j'y ferais un coup d'éclat de ma baguette de maestro ? L'inconscience peut-elle être considérée comme de la bravoure ? Le fait est que je me souviens ne pas avoir tergiversé. J'étais d'humeur audacieuse, et je n'ai jeté que quelques regards en coin. Des séparatistes en treillis et cagoulés se tenaient un peu à l'écart, munis d'armes de poing. Ils haïssaient l'idée même d'Ukraine. Nous étions à deux jours du référendum pour l'indépendance du Donbass et son rattachement à la Russie. En ce qui me concernait, mon vote était décidé. Loin de moi tout patriotisme inconditionnel, mais je m'étais habitué à ce pays comme à ma femme. À quoi bon bouleverser encore toutes ces frontières et ces unions ? J'ai levé ma main gantée pour faire inspirer ma fanfare de farfelus. Les poitrines gonflées attendaient un signal. Elles étaient au bord de l'asphyxie quand j'ai fait jouer les premières notes de l'hymne national ukrainien :

Ni la gloire ni la volonté ne sont encore mortes,
Le destin nous sourira, mes frères,
Nos ennemis périront comme la rosée au soleil…

Les séparatistes ont réagi au quart de tour, fondant sur nous comme un essaim de frelons. J'ai d'abord vu la grosse caisse détaler, suivie du violoniste juif, du trombone et d'une escouade de gros bras. Un grand rasé fusait dans ma direction en soufflant. J'ai pris mes jambes à mon cou. Les baffles se sont mis à cracher une marche militaire stalinienne. J'ai déguerpi dans mon costume de parade, sans m'apitoyer sur le trompettiste amoché d'un coup de matraque ou le hautboïste plaqué à terre. J'ignore ce qu'ils sont devenus depuis.

Ils couraient, encombrés de leurs instruments qu'ils ne voulaient pas abandonner sur le champ de bataille. Moi je serrais du poing ma baguette comme un témoin de relais olympique. J'ai sauté dans le premier tramway qui passait en cahotant sur les rails en zigzag. Je suis parti en cavale tel quel, les jambes flageolantes, gêné aux entournures par ma veste trop seyante. Le tramway a roulé jusqu'à l'entrée du dépôt et j'étais couvert de sueurs froides.

Au bout de la ligne, il a fallu cogiter pour trouver une planque. Je connaissais peu de monde dans les steppes. Il n'était plus envisageable de demeurer à Donetsk. Dieu sait pourquoi je me suis souvenu d'Émile, le voisin de palier de ma prime enfance. On ne s'était pas revus depuis des lustres. Aux dernières nouvelles, il s'échinait dans les charbonnages. Nous avions grandi côte à côte, pour en définitive devenir des contraires, comme si nous n'avions pas respiré le même air. J'étais fluet, pusillanime et volage, réfugié dans la chimère des symphonies. Émile ne se sustentait pas d'abstrait. Le Donbass l'avait happé dans ses galeries d'anthracite et sa tragédie industrielle. Émile. Bien sûr ! Dans les bagarres de cour d'école, quand j'étais pris à partie pour ma tête de Grec, il avait toujours assuré mes arrières. Il me défendrait de la guerre.

Au marché voisin, j'ai fait l'acquisition d'une veste noire imitation cuir. J'ai complété mes emplettes avec une sorte de béret du même acabit et j'ai fait un baluchon de mon costume de parade. Tous les hommes du Donbass avaient la même dégaine, restant fidèles à une mode immuable : un look prolétaire et gros bras, sobre autant que sombre. J'espérais me fondre dans la foule si peu bigarrée. Le panel de l'exotisme se limitait aux descendants des Grecs pontiques, à des Tatars russisants, des Arméniens orthodoxes, quelques Géorgiens mariés à des Slaves, une poignée de Coréens rarissimes et stalinisés, sans oublier des confettis de Polonais égarés ou des Moldaves débrouillards. Tous confessaient des origines lointaines aplanies au rouleau compresseur de l'identité soviétique. Ils avalaient les mêmes soupes, juraient les mêmes insanités, ne priaient plus aucun dieu ou presque et aspiraient au même bonheur ouvrier. On ne croisait guère que des foules aux peaux claires, mâtinées de pigments caucasiens ou balkaniques.

La gare routière était contiguë, avec ses auvents percés, son anarchie bien ordonnée et son hall trop vaste pour ce qu'il subsistait de trafic. J'ai grimpé dans un bus brinquebalant affichant « Dzerjinsk » sur une petite pancarte glissée derrière le pare-brise. C'est là-bas qu'Émile s'était enraciné. En espérant qu'il n'ait pas déménagé depuis son dernier coup de fil. Assis sur une banquette élimée, je n'attendais plus que les explosions du moteur. Le chauffeur a fini par jeter le mégot de sa cigarette d'une pichenette. Il a claqué la porte et la carlingue s'est mise à tressauter. Je me suis déridé. Mon voisin arborait un air satisfait qu'il tournait vers moi d'une mine entendue, semblant se retenir de partager avec le premier venu une joie sans bornes et longuement espérée.

— Eh bien quoi ? l'ai-je apostrophé.

— La police s'est rangée du côté de la sécession ! a-t-il lâché avec un contentement incommensurable. La caserne du quartier de Mirny est assiégée.

J'ai feint d'apprécier. *Mirny*, cela signifiait « paisible »... C'en était fini de l'Ukraine. Le bus traversait un imbroglio de check-points et de barrages gardés par des factions inconnues. Mon téléphone a sonné dans ma poche. C'était ma femme. Elle désirait savoir où j'avais passé la nuit et pourquoi les séparatistes s'étaient présentés à l'appartement en réclamant ma tête. Je lui ai soufflé que je lui expliquerais tout cela ultérieurement, qu'il n'était pas prudent de s'épancher au téléphone. En ex-URSS, les gens ne se formalisent pas de ce genre d'argument. Le combiné est un appareil destiné aux lieux communs et aux jacasseries. Les graves conciliabules ont lieu à l'abri des oreilles indiscrètes. Elle a raccroché promptement, comme si le KGB ressuscité l'écoutait. Je n'étais pas mécontent qu'elle mît dans le même sac ma nuit avec Essénia et la perquisition des pro-russes. J'avais découché, la belle affaire ! C'était désormais le cadet de mes soucis.

Donbass

En rase campagne, je suis enfin parvenu à me détendre. Les branches des arbres portaient des pousses fluorescentes, transpercées des derniers rayons. Les fleurs avaient éclos sur le bas-côté. Le film en noir et blanc de l'hiver s'achevait et le bus se traînait dans un paysage morne mais enfin coloré. Le front collé au carreau, je contemplais la steppe fuyante et les usines fumantes. Les terrils miniers aux teintes délavées pointaient leurs cônes parfaits. Le Donbass étalait ses industries décaties et immuables, sa seule histoire. La sensibilité prorusse y était latente, la russophonie, exclusive et l'héritage, soviétique. Et moi qui avais vécu tout ce temps à l'abri de la coupole de l'Opéra. La ville de Donetsk prospérait sur le butin de l'anthracite, la manne de la sidérurgie et le pactole de l'énergie. Les dynasties de propriétaires s'y vautraient dans un luxe kitsch et ostentatoire pendant que les misérables s'échinaient au charbon.

Steppe immense et vierge, aux confins de l'Empire russe, le Donbass avait d'abord fait partie de ce que l'occupant polonais appelait les « champs sauvages », ventre mou d'une Ukraine encore floue, prairies désertes, seulement battues de cosaques ou de Tatars. La brise balayait les hautes herbes, les seules cohortes étaient formées de nuages cotonneux ou orageux, défilant aux ordres des vents. Les terres se montraient avares et peu arables, les hameaux étaient rares, l'eau tarie. D'évidence, la nature était pingre et sèche. La steppe. Le Donbass ne possédait qu'un don, celui du charbon, son substrat, affleurant, partout. Il suffisait de quelques pelletées pour découvrir des trésors d'anthracite. À la fin du XIXe siècle, un Gallois avait obtenu du tsar des concessions. L'Ukraine n'existait pas. On appelait ces contrées Petite ou Nouvelle Russie. John Hughes avait foré des mines, érigé des hauts-fourneaux. Une usine métallurgique et une ville-satellite avaient crû simultanément, cernées de baraques ouvrières. La future Donetsk était née. Elle se nommait alors Youzovka, en l'honneur de son britannique fondateur.

Elle ne fut pas la seule cité à voir le jour à l'aube de la modernité. La révolution industrielle s'empara du paysage, les steppes se hérissèrent de charbonnages et de forges. Le tsar tout-puissant exigeait de l'acier pour les rails du Transsibérien, pour acheminer le blé d'Ukraine, pour relier son palais d'hiver aux flots de la mer Noire se précipitant sur les falaises de Crimée. Il y avait aussi la flotte à vapeur. Des complexes sidérurgiques furent livrés en pièces détachées depuis les États-Unis et l'Angleterre. La société belge Providence bâtissait des aciéries. Bruxelles était en proie à la « fièvre russe ». La levée des emprunts russes battait son plein en France. Sans la houille, ni Donetsk ni aucune ville de la région n'auraient surgi sur la vaste steppe.

On apprenait tout cela à l'école. À Donetsk trônait une statue de John Hughes, plantée après la dislocation de l'URSS. Car les bolcheviques avaient chassé les étrangers. Les damnés de la terre s'étaient levés au sein de la Garde rouge. Ils avaient pourfendu l'armée blanche de Denikine, les factions ukrainiennes, l'intrigant allemand ou l'anarchiste Makhno. Les ennemis de la révolution d'Octobre avaient fini le ventre ouvert. Dans la tornade de la guerre civile, les mines avaient été noyées, les chemins de fer coupés, la métallurgie amputée. Lénine avait ordonné la reconstruction et une mécanisation forcenée. Molotov avait déclaré « base du socialisme » les fonderies du Donbass où la propagande assénait que battait « le cœur industriel de la Russie ». En 1924, Youzovka fut renommée Stalino, « la ville de l'acier ». Au 11ᵉ congrès du Parti, Lénine lui-même fit du Donbass « le vrai fondement de notre économie », répétant à qui voulait l'entendre que « le charbon est le pain de l'industrie ». En 1928 fut élaboré le premier plan quinquennal, le chantier prométhéen de l'ouvrier du Donbass, le big bang de la galaxie des Soviets. L'avènement de Staline fut l'occasion de cette pensée éclatante : « Souvenez-vous que le charbon est aussi important pour la Russie que la victoire sur Denikine ! » Il ne suffisait certes pas d'avoir vaincu l'armée du tsar. Les fleurons de l'industrie lourde devaient conduire à la réalisation du communisme. Dès lors, le Donbass se mua en l'un des plus prodigieux bassins industriels que le monde ait jamais connus. Malgré les ennemis du peuple, les saboteurs, les trotskistes et les agents de l'étranger. « Donbass » sonnait à travers toutes les républiques socialistes comme un avenir lumineux, avec ses héros aux gueules ébène et aux muscles saillants, portés aux nues par la rhétorique stalinienne. Soixante pour cent du charbon soviétique provenait des entrailles du Donbass. Les programmes scolaires avaient consacré l'Ukraine comme le « grenier à blé » de l'URSS. C'était oublier qu'elle était aussi son réservoir énergétique.

Donbass ! Les strates d'anthracite craquaient sous les dents acérées des foreuses soviétiques. Il n'était plus question d'importer depuis cette Europe bourgeoise que l'URSS rattrapait à marche forcée. Les carreaux de mines essaimaient à travers la plaine, les corons d'immeubles barraient l'horizon. Les mineurs et les métallos se couvraient de gloire. L'État leur octroyait appartements douillets et coupons pour des cures en Crimée. Leur progéniture fréquentait l'école de l'usine. Les familles modèles se retrouvaient pour les spectacles au palais de la culture. Elles prenaient l'air, le dimanche, dans le parc de l'aciérie et lisaient la gazette de la cokerie. Des millions de tonnes d'acier débordaient des complexes sidérurgiques. Le Donbass produisait plus que la Ruhr. Jusqu'à la chute de l'URSS, on inaugurait encore des fosses quand le nord de la France avait déjà condamné ses derniers puits. L'élan bolchevique avait été si vigoureux, l'inertie était si terrible que, en 2014, le Donbass n'était toujours pas mort.

J'ai regardé mon voisin, un quinquagénaire abîmé à la gueule sculptée, armé de poings redoutables. La poussière incrustée entre la cornée et la paupière soulignait son regard clair, comme l'aurait fait du khôl sur un travesti. Il respirait pourtant la virilité de l'ouvrier aguerri. De tout son être émanait une modestie consentie. Son soulagement d'apprendre que la police se joignait aux séparatistes n'avait rien d'une énigme. Dans le Donbass, la dislocation de l'URSS et l'avènement de l'Ukraine avaient été synonymes de chaos. Des centaines de kilomètres de galeries avaient été abandonnées. Les mineurs de fond désœuvrés venaient faire le taxi à Donetsk. Les fabriques de machines minières, faute de demande, s'étaient mises à produire des robinets ou des moules à gâteaux en attendant des jours meilleurs. Les fabriques d'armement concevaient des aspirateurs et des machines à laver. L'ogre industriel, humilié, agonisait avec l'URSS qui l'avait enfanté, dans ce goût amer de ce qui reste inachevé. Les idéaux sont hors de portée. Le communisme n'avait pas fait exception. Il avortait dans le dégoût et la stupeur, aux dépens de ceux qui s'étaient obstinés à le bâtir.

Il s'étalait moribond, ce rêve, partout dans le paysage, à livre ouvert. Les combinats métallurgiques crachaient leurs fumées couleur d'argousier. La steppe ne connaissait de forêts que ces jungles de fours, de cheminées, de rails et de rampes s'enchevêtrant sur des dizaines d'hectares, faisant enfler les villes-champignons qui s'agençaient autour d'elles. Il y avait certes les colonnes staliniennes des mairies et les solennelles dépendances bureaucratiques des ministères. Mais les entrées des usines écrasaient plus encore. En général une arche portait haut un médaillon de Lénine. Les piliers arboraient des bas-reliefs éloquents barrés de slogans tels que : « Pour le Donbass, pour la terre natale ! », « Gloire aux métallos ! ». Et c'était ce que recouvraient ces mots et ces symboles qui sacralisait les lieux plus que les pierres.

Personne n'avait ôté ne serait-ce qu'une étoile ou un laurier depuis la chute de l'Union. Au contraire, on repeignait avec soin les faucilles et les marteaux au vermillon qui s'écaillait. C'étaient les grilles du saint des saints. Gamins, Émile et moi, nous nous plaisions à escalader les terrils voisins pour dominer les aciéries. À la faveur du soir, on distinguait la fonte brute dégoulinant comme une lave depuis les hauts-fourneaux dans de grandes gerbes et éruptions de métal incandescent. Une lumière aveuglante surgissait des ténèbres des hangars par les carreaux brisés et les pans manquants. On percevait les coups sourds des laminoirs résonnant au lointain. Les projecteurs des équipes de nuit formaient de puissants halos dans le brouillard dense des vapeurs. Nous n'imaginions pas alors que les jours de ce monde dans lequel nous naissions étaient comptés. Nous avions foi dans ce qu'on nous présentait comme le progrès. Nous ignorions que le progrès pût être obsolète…

À l'indépendance de l'Ukraine, les grèves syndicales n'avaient rien pu contre les faillites. Deux centaines de puits de mines arriérés constellaient la steppe. D'innombrables terrils coniques ou épatés les jouxtaient. Le matériel de soutènement était caduc. Certaines machines dataient de l'avant-guerre, les plus vieilles traverses se trouvaient encore espacées à la mesure du pas des chevaux qui s'épuisaient alors à haler les wagonnets. Le Donbass possédait les mines parmi les plus périlleuses du monde. Les coups de grisou emportaient des escouades entières. Le siècle renonçait à la houille. La Chine s'était mise à produire du métal bon marché. Les oligarques raflèrent des empires pour des prix dérisoires. Ils firent le tri de la rentabilité et investirent dans des équipements *made in Germany*. Les gisements sans perspectives restèrent sur le carreau. Sans jeu de mots. Des herbes folles envahirent les terrils. Les derricks rouillèrent aux orages d'été. Des casques défoncés traînaient dans les ruines. Le parangon prolétaire s'étalait, nécrosé. Pour les gens du Donbass, c'était tout le résultat de cette soudaine souveraineté. Et *spasibo* à la Russie, qui continuait d'aspirer ce qui subsistait de production. Car le reste du monde en était aux éoliennes et aux panneaux solaires.

Et en contraste, les noubas huppées de l'oligarchie de Donetsk et de la coterie du Président fraîchement déchu par la révolution ! Le caviar rouge et luisant, livré à grands frais du Kamtchatka, qu'on puisait à la louche dans des seaux étincelants. Les rejetons des dynasties minières et sidérurgiques, défilant dans leurs plus luxueux atours, sous les flashs crépitants des gazettes locales. Les femmes dénudant qui le dos, qui les épaules, fendant leurs jupes et ne compressant leurs poitrines que d'un fin cordon tendu au-dessus des gorges. Les étoiles moscovites se succédant sur les podiums pour quelques chansons et des milliers de dollars. Même dans ces soirées-là, où le moindre péquin planait à cent lieues des réalités du Donbass, il se trouvait immanquablement un carré privé, isolé dans une pénombre, cerclé de cordes en satin cramoisi et barré d'armoires à glace aux crânes préhistoriques. On y devinait des seaux à champagne, des visages trop connus et sulfureux, des costumes noirs ou des chemises hawaïennes faussement détendues.

Car ce n'étaient nullement des agapes, des orgies ou des bacchanales. Chacun gardait un contrôle salvateur de son état, de ses propos, de ses tapes dans le dos. Les luttes étaient traîtresses et cruelles. J'avais été sollicité une ou deux fois à ces débauches de mets et de vins fins. J'avais vécu les fastes auxquels les artistes sont parfois conviés avant de revenir à la précarité qui les inspire plus sûrement. Le prestige de l'art était notre plus grande fortune, la réputation de leurs empires, leur talon d'Achille. Ils nous convoquaient pour la redorer. Cette esthétique lisse, glacée et mirifique m'avait flatté et brièvement enchanté. Il m'avait semblé à moi aussi alors que le Donbass – son potentiel ! – allait s'extirper de sa léthargie. Les politiques et les hommes d'affaires débattaient de sa situation présumée stratégique entre l'Europe et l'Asie, de hubs, de mirages, de projets dans lesquels eux-mêmes n'investissaient aucun kopeck sans en avoir épluché les budgets à la loupe. Nous festoyions dans les restaurants de Donetsk, en son centre névralgique. Il suffisait de parcourir cinq cents mètres pour déchanter violemment.

Le Donbass se mourait à feu doux, tel un gisement de houille se consumant des mois durant. Mon voisin contemplait tout cela au travers de ses lunettes à double foyer et des vitres sales. Nul besoin d'y voir clair, il connaissait par cœur et n'a pu se réfréner plus longtemps de commenter ces friches d'industries que nous longions. Il m'a secoué dans ma rêverie. Les anciens, mieux vaut ne pas leur confier la parole sur le sujet. Ils vous écœurent à vous narrer que tous les monstres d'acier rouillés, les terrils ocre et sable, les puits condamnés, les corons à l'abandon, tout cela ronronnait alors. Le Donbass avait eu son âge d'or. Sûr qu'on peut ne pas goûter l'esthétique métallique et les cheminées salissant le ciel. Mais on ne peut pas non plus avoir la cruauté de préférer que l'indigence s'installe au pied des usines closes. Car quoi qu'il arrive personne ne nettoiera la steppe de ces lourds vestiges. Aucune mer n'engloutira jamais la civilisation perdue des Soviets, telle une Atlantide prolétaire. Aucun hiver même. Les centrales à charbon infusent l'atmosphère de leurs traînées noirâtres. Il n'y a plus de flocons.

Il a conclu en accusant l'Ukraine de tous les maux, avec dépit et dégoût. Comme s'il avait bâti de ses propres mains ces tours, ces rampes, ces fourneaux qui se dégradaient plus vite que son visage ridé. Il fallait rattacher le Donbass à la Russie, à l'exemple de la Crimée. Le salut se trouvait à l'Est, aux origines. Pour que les héros renaissent. Comme quand le bonheur sortait de terre. Pas la félicité, non, un petit bonheur, sans ambitions, un bonheur effrayé par les aspirations et les révolutions. Un bonheur incarné par une femme casanière, accueillant son mari à la sortie du puits, un bonheur loué par deux enfants récitant des poésies sur le labeur des mineurs et l'avenir radieux de l'ouvrier. La liberté ne posait que des colles et des énigmes. Rares sont ceux qui savent vivre avec ce fardeau du libre arbitre. Au Donbass, on préférait confier cela à un « petit père des peuples », qu'il soit marxiste, tsar ou oligarque ; un *batko* comme le professe l'Ukrainien, quelqu'un qui rende les masses fières. Tout seuls on n'arriverait à rien.

Je ne disais mot, je hochais un peu la tête en faisant la moue. Je me sentais un nain à côté de ces forçats souterrains, de ces titans de la fonte. Le Donbass m'appartenait moins qu'à eux. Le soir tombait, la vitre irisait les lumières. Mon visage s'y réfléchissait en une sorte d'hologramme. Je distinguais les traits vaguement méridionaux de mes origines grecques mâtinées de slave. S'y décelaient quelques-unes des facettes de ma mère. Ses gènes s'étaient révélés sur mon visage alors que mon père n'avait laissé aucun indice qui le trahisse dans les miroirs. Je ne ressemblais qu'à elle, avec mes mains fragiles de musicien, mon nez trop raide et mes cheveux vaguement ondulés, rejetés en arrière. Le public contemplait l'arrière de mon crâne toute la durée des concerts tandis que, dans la fosse, je délaissais les partitions pour admirer Essénia penchée sur son violon.

Mais quelle Grèce ? Nos si lointains ancêtres s'étaient établis en Crimée à l'époque du Pont-Euxin, le toponyme antique de la mer Noire. Ils avaient essaimé sur son pourtour, planté des pieds de vigne sur les coteaux, dressé des colonnes près de la future Sébastopol. Des siècles plus tard, Catherine la Grande avait déporté les communautés. L'URSS les avait réduites à un folklore de kermesse comme toutes les autres ethnies d'Eurasie. Ma grand-mère conservait religieusement un costume dans ses placards pour des célébrations anecdotiques. Une sorte de toge avec un tablier aux motifs ukrainiens et une coiffe tatare, un bouillon de cultures et d'histoire. Qu'importait, il s'agissait de perpétuer ce qui restait du pittoresque, écrasé sous la presse de la pensée marxiste-léniniste. N'était-ce pas aussi pour cela que les nationalistes ukrainiens avaient mené cette révolution contre le clan du Donbass, ce rejeton maudit de l'URSS ? Ils portaient fièrement leurs chemises de lin brodées, ils se cherchaient des signes distinctifs dans un passé lavé par les politiques-fleuves du parti communiste.

Mon voisin s'était tu, las de mon mutisme, happé par ses pensées, l'amertume et la vanité de sa vie de labeur. Des datchas sur fond de barres d'immeubles apparurent enfin, entre chien et loup. Les ultimes rayons du couchant enflammaient les fenêtres orientées plein ouest. Ces façades-là seraient les plus exposées aux obus, ai-je songé. L'improbable devenait inéluctable. Dzerjinsk. La ville était composée de plaques de béton assemblées à la hâte à cause de la pénurie de logements. La pérennité du provisoire est un signe de décadence. Les immeubles n'avaient jamais été reconstruits. J'ai eu un doute soudain sur la réaction d'Émile. Au moins ne me ficherait-il pas dehors. J'avais le souvenir d'un garçon stoïque, pas le genre à s'affoler d'accueillir un chef d'orchestre en disgrâce auprès des séparatistes. Pour le reste, mes songes étaient obsédés par Essénia.

Émile

Je me suis présenté directement à la mine. C'était férié, mais on ne stoppe pas un puits ou un haut-fourneau comme une deux-chevaux. Les mines tournent au Nouvel An, à la pâque orthodoxe, le jour de la Victoire et à la saint-glinglin. Les souffleries et le pompage ne souffrent aucun répit. Était-ce pour cette raison que les gueules noires ne prenaient pas les armes ? La guerre signifiait l'agonie des corons encore en activité. L'aura prolétaire des ouvriers était convoitée par les deux camps. Eux demeuraient sous terre, dociles, faisant la sourde oreille, accrochés à leur houille et à leur condition.

J'ai hélé le premier véhicule venu pour lui proposer de gagner une poignée de grivnas. Il m'a déposé au coin de la rue plutôt que devant le porche aux moulures soviétiques. J'en ai profité pour repasser mon costume de fanfare chiffonné et auréolé de sueur. J'aurais plus de chances d'être considéré par les gardiens qu'en accoutrement de quidam. Les puits sont stratégiques et les directeurs de carreaux, des messieurs éminents. Une audience exige des lettres, des tampons et un rendez-vous. Mais à la grille j'ai insisté longuement pour qu'on téléphone à Émile Arkadievitch dont je n'avais plus les coordonnées depuis longtemps.

— Dites bien que c'est de la part de Vladlen !

Au moins Émile n'aurait pas de doute sur la personne qui le recherchait. Des Vladlen, il en restait autant que des monuments à Lénine. Dire que mon fils portait mon patronyme : Vladlenovitch. Il faudrait encore une génération pour effacer cet héritage bolchevique de notre arborescence généalogique. Une demi-heure plus tard, Émile passait dans sa grande voiture Volga, celle des apparatchiks soviétiques. Il m'a remis au premier coup d'œil et ça m'a facilité les choses. Je me suis retrouvé écrasé par une chaleureuse embrassade. Il affirmait dans un grand sourire être ravi de revoir ma trogne. Ce à quoi j'ai rétorqué sans vergogne :

— Émile, planque-moi !

— Je t'ai pas vu depuis cent ans et il faut que je te cache ? s'est-il étonné en écarquillant les yeux.

— On me cherche, Émile. Ce matin, aux célébrations… j'ai fait donner l'hymne de l'Ukraine…

Il a pris un visage grave comme s'il allait passer un savon à une brigade de mineurs ayant manqué les objectifs d'extraction. Son complet qui ne souffrait pas un pli était épinglé d'un ruban de Saint-Georges, celui des vétérans et des séparatistes. Émile avait pris part aux commémorations locales et revenait d'un banquet arrosé, en compagnie des notables qui ne s'étaient pas encore fait la malle. Parmi eux des sympathisants pro-russes, des funambules indécrottables, des opportunistes, des patriotes ukrainiens ayant retourné leur veste avec une telle habileté qu'on ne se souvenait plus lequel des côtés avait été l'envers et l'autre l'endroit. Combien de temps encore les modérés et les versatiles parviendraient-ils à rester évasifs quant à leurs convictions intimes ? À Kiev, il était évidemment salvateur de louer la révolution de Maïdan. Dans le Donbass, l'issue n'étant pas encore claire, mieux valait s'abstenir de couper tous les ponts. Je me suis soudain demandé de quel bord était Émile. Il a desserré sa cravate épaisse et criarde pour conclure d'une moue des lèvres :

— Bon, on monte dans mon bureau et tu me racontes cette affaire.

Nous avons franchi tous les contrôles, nous sommes passés sous un fronton frappé d'une inscription « Nous te rebâtirons, Donbass natal ». Ça datait de l'après-guerre mais se trouvait cyniquement très actuel. La crise économique s'avérait aussi destructrice qu'une horde de nazis. Nous avons grimpé un large escalier encadré de colonnes. Une rangée de bustes se dressait après la dernière marche. Des ingénieurs inspirés, des directeurs fidèles au Parti, un ou deux politiques, tous figés pour la postérité dans une pose sévère. Les couloirs aux plafonds aériens étaient agrémentés de photographies de mineurs souriant de toute leur crasse et découvrant des dents blanches ou en or. Les yeux d'un bleu lacustre luisaient sous des arcades sourcilières noires de charbon. Émile occupait un bureau spacieux et solennel. Il a brandi une bouteille de vodka et deux petits verres. Nous nous sommes assis face à face, les coudes posés sur un bout de l'immense table. On ne s'était plus revus depuis « cent étés et cent hivers », disait le dicton russe. On a célébré nos retrouvailles, vingt ans après, « Comme les mousquetaires ! » s'est exclamé Émile, en tranchant un cornichon mariné, à déguster entre les rasades.

Émile, lui, se prénommait ainsi à cause de *Germinal*. Son père l'avait baptisé en hommage à Zola et à son œuvre éminemment socialiste. Il était marqué depuis sa naissance par l'univers minier et prolétaire. De taille discrète et râblé comme le sont les Ukrainiens, il se dégageait toutefois de sa silhouette un élancement imperceptible. Il possédait ce charisme, cette tenue, ces manières qui font tout le charme des hommes slaves au physique souvent trop fade. C'était quelqu'un d'attentionné, torturant la politesse dans tous les sens, dégageant une belle assurance. Son regard clair, un brin métallique, cordial et sans ambages se trouvait fréquemment assombri d'un voile de tristesse dont je n'avais pas conservé le souvenir. Pour le reste, Émile était aisément reconnaissable. C'était le même avec quelques rides. Le temps l'avait vieilli sans le trahir. Son large visage bonhomme avait conquis un peu plus de ce front qui se plissait à l'évocation des calamités qui grondaient. Ses cheveux avaient cédé autant de terrain qu'il avait gagné d'années. Sa limite capillaire formait un marqueur fidèle de sa quarantaine à peine entamée. Sa carrure et ses saillies musculaires s'étaient à peine arrondies à l'épreuve des banquets inhérents à sa fonction. Il avait ce même nez aplati et cette coupe au bol des années 1980, encore en vogue chez les mâles de l'Est.

Le seul élément que je restais impuissant à mesurer, c'était ses poumons encrassés par les profondeurs. Il avait dû surtout se dégrader de l'intérieur à force d'inhaler ces poussières qui provoquent la silicose. Encore ingénieur, il arpentait les rails distordus, brillant sous les lampes frontales. Sa pondération et son discernement l'avaient rapidement propulsé à la tête d'une escouade de gueules noires, aux torses luisants, couverts de suie. Puis il avait progressivement cessé de descendre au fond des veines pour grimper les étages menant à la direction de diverses mines paumées, dont les corons n'étaient pas toujours mentionnés sur les cartes autres que géologiques. Je lui ai fait le récit de ma journée, et cela paraissait incroyablement absurde. Le fait était qu'on avait voulu me lyncher pour avoir interprété l'hymne de notre propre pays.

— Tu aurais mieux fait de jouer *Le Lac des cygnes* ! a réagi Émile, l'air très préoccupé.

Le Lac des cygnes, c'est ce qui était passé à la télévision pendant le putsch avorté de 1991 à Moscou. Toutes les chaînes diffusaient alors les ballets du Bolchoï en attendant le dénouement des événements. Tchaïkovski, c'était la musique d'attente des révolutions slaves. Le peuple admirait en boucle le pas de quatre et les pointes des ballerines en tutus immaculés. Puis le rideau tombait pour s'ouvrir sur les visages des vainqueurs. J'ai souri, mais Émile ne plaisantait aucunement. Dans Dzerjinsk, des vétérans de la Seconde Guerre mondiale avaient déterré tout un attirail. Ils avaient refoulé les fascistes en 1943, les armes dormaient encore sous les oreillers et dans les caves. Quelques mausers et des *Maschinenpistole* confisqués à la Wehrmacht, des fusils-mitrailleurs Degtyarev et des pistolets Tokarev. Un ancien officier soviétique, gardien d'un musée militaire, avait entrepris de remettre d'aplomb un vieux tank

T-34, avec son blindage incliné, ses énormes chenilles et son moteur qui fonctionnait par moins soixante degrés. S'il fallait défendre le Donbass une fois de plus contre des nazillons de l'Ouest, on commencerait avec les reliques de la grande victoire. Il suffisait de confier tout cela aux jeunes.

Les agités du coin s'étaient pointés à la mine pour exiger le paiement de l'impôt séparatiste. Ils souhaitaient également réquisitionner les explosifs utilisés dans les galeries d'anthracite. Émile s'en était sorti avec une vague promesse. Il avait surtout rassemblé ses cartons tout en déchiquetant quelques dossiers « ambigus et délicats ». Personne ne tenait de comptes orthodoxes dans ce maudit pays. Et il s'agissait bien de l'administration fiscale ! Elle devait déjà se trouver réfugiée à l'autre bout de l'Ukraine. L'enjeu se réduisait désormais à la survie. Il était illusoire de se maintenir à son poste au beau milieu d'une guerre civile. Émile anticipait mille détails qui ne m'avaient pas même effleuré. Il avait fait un grand ménage, laminé des rapports et décroché la photo de sa femme qui trônait dans un cadre noir.

— N'importe comment, la meilleure façon de ne pas sombrer dans la nostalgie est de ne pas avoir de souvenirs, a-t-il ajouté à son propos.

Il y avait une blessure béante du côté de ses sentiments, mais ce n'était pas le moment. On s'entretenait entre deux verres de la guerre qui s'amenait. Son cerveau s'était mis à échafauder tous les scénarios imaginables et les autres aussi, les plus inouïs, qui ne viennent pas à l'esprit. Contrairement à moi, c'était un homme qui démêlait l'avenir immédiat, celui qui découle directement du passé proche. Il devinait les corollaires.

Émile avait toujours été un garçon avisé, réservé par prudence mais violemment impulsif par certitude. Pour l'heure il n'avait encore rien arrêté, il devisait en silence, d'un regard peiné et trouble, devant sa vodka limpide. J'étais effaré.

On s'est planté les yeux dans les yeux. On a bu à la providence. La route, on la ferait ensemble.

— De toute manière, ma femme m'a quitté, a-t-il précisé.

Je comprenais seulement à quel point les dés étaient jetés. Les gens s'entassaient dans les trains, prenaient d'assaut les guichets, triaient dans leurs appartements l'essentiel du futile. L'Ukraine n'existait plus que sur le papier. Elle serait dépecée. Un député russe avait écrit à Varsovie pour proposer de la scinder comme à la belle époque des empires tsariste et polonais. Ça sentait le soufre. Émile était bien plus conscient que moi de l'imminence de l'étincelle.

— Ils ont décrété la République de Donetsk, a-t-il annoncé sur un ton qui ne révélait pas s'il était pour ou contre.

— Émile, le pays vole en éclats ! Où vont-ils chercher tout ça ?

— Dans les livres, mon vieux. Quand il faut, ils savent lire. Elle a existé déjà, enfin, à ce qu'il paraît, en 1917-1918 : la République de Donetsk-Krivoï-Rog…

J'ignorais tout de ce chapitre-là. Cela remontait à Octobre rouge et à la Première Guerre mondiale. Le traité de Brest-Litovsk. Un maelström d'anarchistes, de bolcheviques et de généraux blancs balayaient les plaines du Dniepr. L'Empire allemand excitait le nationalisme de son protectorat ukrainien proclamant l'indépendance. Le camarade Artiom s'efforçait de mettre à l'abri de l'appétit allemand les régions industrielles, stratégiques pour la balbutiante Russie communiste. Il avait proposé à Lénine de fonder une république alliant bassins de houille et gisements de fer pour former un paradis de la métallurgie, une terre mère du prolétaire : la République de Donetsk-Krivoï-Rog.

À la fondation de l'URSS, Lénine avait finalement préféré fondre ces terres de charbon et d'acier avec les blonds blés d'une République soviétique socialiste d'Ukraine. Celle de Donetsk était restée une idée sur le papier. Les gens découvraient ce projet ressorti des cartons par on ne savait trop qui. C'était un concept en soi, une république géologique, une république sans bornes naturelles ostensibles : ni chaînes de montagnes, ni rivages, ni fleuves. Une vaste plaine dont la frontière se trouvait à mille pieds sous terre. Elle épousait les contours d'anciens lacs de l'époque du carbonifère, du permien ou du paléozoïque. Ses limites étaient celles des filons et des veines. Son « *kordon* », comme on dit en ukrainien, se lisait dans les entrailles de la terre. Le pays du charbon ! La nation du sous-sol ! Car, à inspecter avec attention la géographie de la partition, on s'apercevait qu'elle coïncidait presque exactement à l'archipel des bourgs miniers et aux terrils épars. La carte du front qui se formait matérialisait en surface celui de la palette houillère des strates profondes. Chaque saillie d'anthracite présageait d'une offensive séparatiste, chaque mention d'une galerie se faisait un trait menaçant pour Kiev. Les plus gros gisements auguraient des places fortes. Les lignes ennemies suivaient les lisières de forêts fossilisées par les siècles des siècles. De l'autre côté s'étendaient les premières terres noires de tchernozem et l'Ukraine agricole. Les sols dictaient humeurs et sensibilités. Le bassin minier se muait en entité politique. Les sécessionnistes se cramponnaient à la géologie comme des paysans à leur terre. Absolument tout ramenait à l'anthracite et à la métallurgie. Le Donbass avait été une pièce maîtresse de l'industrie communiste et du projet léniniste. Le monde postmoderne, hermétique jusqu'à sembler parallèle, ne leur ouvrait aucun horizon. L'Ukraine s'était contentée de traire la vache à lait vieillissante sans proposer de rémission. On ne juge pas les héros du travail soviétique, on ne les traite pas de la sorte.

— La république de l'anthracite et des hauts-fourneaux ! s'est exclamé Émile, songeur.

— Une république de la houille, soutenue par de vieux fossiles, nostalgiques des décennies brejnéviennes. Émile, voyons, c'est du délire !

On a vidé nos verres et Émile m'a fait visiter son royaume. Il connaissait sur le bout des doigts son domaine souterrain. L'anthracite ! La fierté du Donbass. Un charbon rare, à combustion lente. La mine était de faible calibre. Quelques centaines de mineurs de fond. Le minerai ébène affluait par des tapis mécanisés pour être enrichi. Nous avons traversé les gigantesques vestiaires et leur forêt de pantalons rêches, de masques respiratoires et de bandelettes destinées à emmailloter les pieds au fond des bottes. Tout cela pendait depuis des rangées de barres métalliques. La garde-robe des damnés. Dans les douches, ceux qui étaient de service malgré les fêtes s'acharnaient à recouvrer leur peau blafarde. Ils symbolisaient désormais pour les filles le mari sans perspectives. Les jeunes Ukrainiennes rêvaient des mirages du luxe et du faste des capitales. « Toutes sortes d'artifices qui n'auraient jamais vu le jour sans le charbon », répétait Émile. Elles se fantasmaient mannequins à Dubaï ou à défaut hôtesses sur des paquebots de croisière. Aucune d'entre elles ne se fiancerait plus à un spécialiste en boisage ou en soutènement.

— Tes mineurs ne se soulèvent pas ? ai-je demandé dès que nous avons été seuls. Ne sont-ils pas l'âme du Donbass ? Sans eux, qui a le droit de prétendre proclamer la République de Donetsk ?

— Des ordres ont été donnés, ils ne doivent pas bavarder politique. Aucun conciliabule n'est toléré. Personne n'a besoin d'un second Octobre rouge !

— S'ils l'avaient voulu, l'armée des mineurs serait déjà debout, Émile. Tu vois, ce sont bien eux les plus sages. C'est la preuve que tout cela n'est qu'une sombre affaire de politique moscovite, de nostalgiques inconséquents, de paranoïa aiguë, de…

— Je ne sais pas, Vladlen. Je ne sais pas.

On s'est extraits dans la nuit noire. Le soir était agréable, une brise faisait bruisser les feuillages. La Volga attendait sagement, aussi surannée qu'étaient vétustes ces carreaux de mines d'une URSS révolue. Nous sommes tombés sur les fauteuils mous. Dans l'habitacle, j'ai voulu en avoir le cœur net :

— Bien. Et toi, Émile, tu es de quel avis sur… sur ce schisme ?

Émile a inspiré très fort, retenu son souffle, fait la moue et expiré bruyamment par le nez tout en mettant le contact. Il a embrayé et, deux rues plus loin, s'est épanché :

— Pas assez bon pour prendre les armes, Vladlen. Mais ton hymne ukrainien, tu sais, il ne me remue pas les tripes. Voilà. Nous sommes assis sur le banc des accusés… Le gouvernement renversé venait tout entier du Donbass ! Le Président, les ministres, les fonctionnaires, les secrétaires ! Ils étaient tous montés à Kiev, Vladlen, ils contrôlaient le pays ! Ianoukovitch parlait ukrainien comme moi portugais ! À l'Ouest, ils l'ont en travers de la gorge ! Et tu te demandes encore si les révolutionnaires en veulent au Donbass ? Mais ils nous haïssent, mon vieux ! Chez nous, pas un péquin n'est sorti dans la rue pour Maïdan !

Nous avons roulé jusqu'à sa barre de béton, dans sa cité-dortoir, pareille à mille autres : des immeubles sans halls, avec des portes en fer, ouvrant sur des cages d'escalier lugubres. Les ampoules brisées pendaient au bout de leurs fils électriques. Des petites annonces recouvraient un vague panneau prévu à cet effet. Elles proposaient aux femmes de vendre leurs cheveux longs et aux hommes de contracter des crédits en devises étrangères. Les services d'eau et d'électricité publiaient la liste des mauvais payeurs. La babouchka du premier – le rez-de-chaussée – enjoignait aux locataires de cotiser pour le ménage qu'elle faisait chaque semaine, ses genoux arthrosés pliés sur une marche pour mieux astiquer la suivante. Il y avait encore un mot manuscrit d'un voisin ayant égaré un trousseau « reconnaissable à son porte-clés aux couleurs du drapeau américain ». Et quelqu'un avait rajouté en guise de commentaire qu'il n'était rien d'autre qu'« un beau salaud de vendu à l'Occident ».

La cabine de l'ascenseur biélorusse Mogilievliftmash était recouverte de rainures et d'inscriptions au couteau. Un Vladimir attendri avait mentionné une Natacha dans un cœur. Hélas, une flèche tracée au marqueur qualifiait la belle de « Pute », signé Sergueï. Il fallait compter attentivement les gros boutons polis par des millions de pressions ayant effacé les numéros des étages. On avait ensuite le loisir de décrypter les insanités gravées dans les portes en métal qui se refermaient de traviole. Il s'avérait que le Président était lui aussi une catin, à l'égal de la Natacha du troisième. La révolution avait fait mouche. La cabine branlait. Ça sentait la pisse d'un ivrogne s'étant soulagé pour prendre de l'altitude. Autour du bouton propulsant au dixième étage, un inconnu avait écrit en rond : « Fusée pour la Lune ». Le pochtron de l'immeuble. Il devait avoir l'alcool poétique. À moins que ce ne soit l'héroïne. La vieille babouchka du premier promettait, dans un encart d'une belle écriture cursive, de la lui couper si elle le surprenait encore à lever la tête vers le plafond sans étoiles de l'ascenseur en vidant sa vessie.

— C'est cela qui me manque quand je me rends trop longtemps en Europe pour une tournée. Cet humour triste, ce quotidien lamentable traversé de fulgurances alcoolisées. Ça fait chaud au cœur !

— La routine, Vladlen, le pays est kaput, le Donbass est à terre. Les gens n'ont plus rien à perdre.

Chaque appartement portait un numéro, aucun nom de famille, pas même un prénom ou des initiales. Émile a déverrouillé ses serrures blindées et nous avons pénétré dans un intérieur moelleux et cossu, tranchant avec les parties communes comme une oasis dans le désert. La moquette épaisse amortissait nos pas, les tentures étouffaient nos mots. Un univers feutré. Ça ressemblait à une chambre capitonnée d'hôpital psychiatrique. Émile déboutonna le col de sa chemise avec le grognement de satisfaction du patron rentrant chez lui après sa journée de labeur. Sauf qu'aucune maîtresse de maison n'était là pour l'accueillir. Une femme au foyer manquait cruellement dans ce décor domestique. Un sentiment de sécurité s'emparait de mon être, comme si le confort à l'excès rendait moins vulnérable. Peut-être avais-je l'impression qu'un tel endroit, perdu au bout de rues sinistres, de cours délabrées et d'escaliers glauques ne pouvait être qu'un refuge secret et sûr. C'était pourtant la chose la plus commune d'Ukraine que ces chez-soi douillets dans des immeubles en ruine. Il était moins commun en revanche qu'aucune épouse affairée ne se précipitât.

Nous avons délacé et ôté nos chaussures. J'étais un peu ivre et passablement épuisé de mes frayeurs. Émile a déplié un canapé. Je m'y suis étendu et suis resté un moment dans cette position, les yeux ouverts et le regard vague. J'inspectais les lieux. Émile avait fait faire une « rénovation capitale à l'européenne ». Il y avait comme un malentendu à ce sujet. Les designers d'Ukraine confondaient le neuf avec le kitsch. L'appartement d'Émile n'échappait pas à la règle. Il collectionnait les fautes de goût. Je me suis assoupi doucement, menacé par un lustre imitation cristal qui pendait au-dessus de l'oreiller. Des draperies de satin obstruaient les fenêtres. Personne ne viendrait me débusquer ici.

URSS, CCCP, USSR

Le lendemain se trouvait aussi férié. C'était ce qu'on appelait les « fêtes de mai ». Du moins avant que Kiev ne s'en prenne au calendrier des réjouissances héritées de l'ère soviétique. Le référendum pour la partition était programmé le jour suivant et chacun procédait à son introspection. Se sentait-on russe ou ukrainien, eurasiatique ou européen ? Le Donbass pouvait-il être une république à part ? Nous nous étions mis à fouiller dans nos mémoires. Aussi loin que nous remontions dans nos arbres généalogiques, nous ne découvrions qu'une broussaille de branches russes et ukrainiennes, de brindilles moldaves, d'épines polonaises, biélorusses, arméniennes, grecques, d'aiguilles yiddish ou tatares… Nos aïeux s'étaient fondus dans la masse atone des *Homo sovieticus*.

Si, à l'étranger, nous nous revendiquions d'Ukraine, en Ukraine, nous proclamions notre appartenance au Donbass, et il ne s'agissait pas là d'un vain mot ! L'idée même d'« Ukraine » évoquait des conceptions fort diverses selon que l'on se trouvait dans les Carpates, sur une plage de la mer Noire ou au fond d'une mine à Donetsk.

Beaucoup la tenaient pour un quiproquo de l'histoire.

Nos identités s'annonçaient confuses. Moi par exemple – mais chacun constituait un spécimen éclatant – j'avais vu le jour dans une maternité du quartier de Kirov en 1972, à Donetsk, sous Brejnev. Enfance soviétique heureuse, racines grecques anecdotiques. Je regardais passionnément les dessins animés du crocodile Guéna et de Tchebourachka, comme toute la marmaille de l'Union, de Riga jusqu'à Douchanbé. Je me chamaillais dans les cours avec les gamins de mon âge, dont un certain Émile. Son père, Arkadi, trimait comme mineur de fond avec le mien. Ils nous comblaient de pépites d'anthracite noirâtres, avec des reflets chatoyants. Parmi mes souvenirs d'enfance, il y a aussi un oncle Tolya, disparu dans notre adolescence. Après la fusion du réacteur numéro 4 de Tchernobyl, il avait fait partie des liquidateurs acheminés en urgence sur le site de la centrale nucléaire éventrée. Robot humain sacrifié à l'édification d'un fragile sarcophage, l'URSS lui avait offert un destin « radieux-actif ». Oncle Tolya avait succombé dans l'année de mon seizième printemps.

Dix ans avant ce drame, dans l'aube glacée d'un hiver pugnace, nos deux familles s'étaient retrouvées à l'aéroport de Donetsk, devant l'unique terminal, fait de colonnades surplombées d'un fronton incrusté d'une étoile rouge, dominant une piste verglacée. Un Tupolev rugissait de tous ses réacteurs. Nous nous étions envolés pour l'Oural polaire : Vorkouta. Nos pères s'étaient résolus à souffrir quelques années arctiques. Le Soviet suprême y offrait « le rouble long », des salaires gonflés. Des centaines de mineurs du Donbass affluaient vers la République des Komis. Les températures de janvier pétrifiaient la toundra et les ivrognes. Eux suaient dans le souffle tropical des galeries. L'amplitude était abyssale. En surface, nous faisions nos classes par moins trente degrés. Quand nous prononcions quelques rares mots d'ukrainien, nos camarades du coin gloussaient en nous traitant de *khokhol,* « houpette », à cause de la mèche que conservaient les cosaques zaporogues sur leurs crânes chauves.

Nos mères, elles, furent bientôt rongées par le chagrin. Un matin de blizzard, nos pères étaient descendus avec la première équipe des trois-huit. J'étais môme encore. Je me souviens que la mère d'Émile avait déboulé en trombe dans un océan de larmes et un flot de lamentations, heurté de profonds sanglots. La mienne s'était figée. Elles nous avaient attrapés par le col, on avait foncé à la mine. Un attroupement s'était formé devant la grille surplombée d'un bas-relief, dont chaque détail était souligné d'une neige drue. Des sauveteurs épuisés, des épouses éplorées, des gueules noires déconfites. Je n'ai jamais revu mon père. Celui d'Émile fut extrait après avoir été bloqué plusieurs jours sous terre. Il devint taciturne. Un an plus tard, il quittait sa femme pour une nouvelle idylle et les horizons de l'Eurasie polaire. On n'entendit plus jamais parler d'oncle Arkadi. À Émile, il avait laissé en plus de son prénom français sa gueule de Slave, coiffée de cheveux clairs, et des yeux aurore boréale.

C'est dans l'Oural polaire, autour de ces charbonnages meurtriers, que j'ai appris l'essentiel : le sexe faible est immensément plus aguerri que nous à la vie. Pas celle qui consiste à en profiter, mais celle qu'il faut prendre de front pour ne pas prêter le flanc. L'alcool achevait les hommes ravagés par la tourmente, l'URSS déclinante s'apprêtait à se nourrir de souvenirs. Nos mères rentrèrent en République socialiste soviétique d'Ukraine, soudées comme deux vétérans. Seules, avec chacune un enfant unique à charge, la famille type. À Donetsk, elles s'établirent dans une banlieue nommée Textilchik qui sortait à peine de terre. Elles trouvèrent à se faire employer dans l'usine de coton qui avait donné son nom au faubourg et, avec Émile, nous poursuivîmes l'école, apprenant l'ukrainien comme une langue étrangère.

Papa avait brûlé dans un coup de grisou, à huit cents mètres sous terre. C'était le sort des mineurs. J'ai fait son deuil dans la candeur de l'enfance et la vénération de ma mère. Celui d'Émile était porté disparu au royaume des mâles blessés, rongés et infidèles. Cette désertion le ravageait. Aucune lettre, pas un coup de fil du Grand Nord. L'Arctique était le terminus des destins accablés, un territoire masculin et désemparé. On crut savoir une fois qu'il avait peut-être rejoint les filons du Kouzbass, l'autre bassin houiller du monde marxiste-léniniste, au fin fond de la Sibérie. D'autres sources le donnaient dans la houillère du Spitzberg, au-delà du cercle polaire. Cela ne revêtait plus aucune espèce d'importance.

Quand Gorbatchev démissionna fin 1991 au terme d'une perestroïka qui n'avait rien restructuré du tout, nous nous réveillâmes définitivement ukrainiens. La scission fut brutale. Du jour au lendemain, des frontières apparurent là où personne n'en avait jamais deviné. Le Donbass devint limitrophe d'une Russie qu'elle considérait comme une grande sœur. La frontière traversait la plaine, entre les corons, les cheminées, les villages. Sur quelques kilomètres elle épousait même le chemin de fer, de telle sorte que les passagers voyageant entre Moscou et Rostov-sur-le-Don, selon qu'ils étaient assis au carreau de droite ou à la vitre de gauche, ne contemplaient pas le même pays. C'était pourtant une seule et même steppe, hérissée de terrils, grillée par l'été, prise par l'hiver.

J'ai un souvenir très précis de ma tante en larmes, vers l'année 1992, qui nous avait rendu visite depuis Rostov-sur-le-Don, en Russie. Elle était native du Donbass, où elle avait grandi avec ma mère. Linguistiquement, l'Ukraine était vaguement coupée suivant une ligne imprécise. Il était plus exact d'affirmer que le pays était écartelé entre des pôles opposés. Les garde-frontières s'étaient obstinés à lui parler en ukrainien pour mieux souligner leur fraîche indépendance. Le Donbass était pourtant russophone jusqu'au fond des mines. Les fonctionnaires lui avaient demandé le motif de son séjour en Ukraine. Elle avait répondu qu'elle se rendait *domoï*, « à la maison », comme on dit tendrement en russe en parlant de sa terre natale. Le douanier avait pointé son passeport russe avec un air revanchard. Elle avait pleuré dans le compartiment, en chœur avec une femme d'Alma-Ata qui avait déjà eu l'occasion de se lamenter à la frontière kazakhe et à laquelle les larmes montaient à nouveau aux yeux de voir toutes ces barrières diviser la grande Union.

Avant Gorbatchev, les gens étaient avant tout soviétiques. La suppression de cette dernière épithète laissa beaucoup de citoyens et de gouvernements dans un certain désarroi, sans parler des complications pratiques. Il fallut répartir les têtes nucléaires, les fusées ou les fabriques de missiles comme dans un mauvais divorce. À Sébastopol des jumeaux servaient, l'un dans la flotte de Moscou, l'autre dans l'armée de Kiev. Dans chaque ex-république socialiste, le Parti s'était efforcé de mêler les ethnies pour enrayer les nationalismes : des Abkhazes en Géorgie, des Ouzbeks en Kirghizie. Des Russes en Ukraine… Les peuples commencèrent aussitôt à se quereller en l'absence du Soviet suprême. Nous avions tous vu le jour dans un État qui n'était plus de ce monde. La mention n'existait guère que sur nos actes de naissance : « Né en URSS. » Le pays natal, formellement, ne s'étalait plus que dans les atlas historiques. Notre génération était promise aux changements de citoyenneté.

Ce fut l'époque des Leonid – Kravtchouk et Koutchma –, des apparatchiks devenus oligarques, des barons du charbon et, plus tard, de la princesse du gaz. Des rustres promus *depoutat* agissaient sous couvert de leur immunité parlementaire. Leur avidité n'avait d'égale que le sordide de leur jeunesse dans les cités minières du Donbass. L'État bradait ses biens, convertissait ses créances en actions. Les plus malins les rachetaient aux simplets contre de la gnôle. Les assassinats de récalcitrants étaient légion. À l'aune de ces cruautés, les *kompromat* paraissaient enfantins. Il s'agissait de réaliser des clichés d'un adversaire aux prises avec une prostituée pour le discréditer. Les stocks d'armement soviétique étaient cédés à l'Irak de Saddam et aux despotes d'Afrique. Des avions de contrebande s'écrasaient dans les terres noires ou la savane. Les entreprises dégageaient leurs bénéfices opaques et mirifiques vers des ciels plus limpides : Chypre ou les îles Vierges britanniques. Le troc esquivait la finance balbutiante. L'Ukraine elle-même réglait sa dette gazière auprès de Moscou en bombardiers Tupolev. Elle céda son porte-avions aux Chinois et offrit en bail, contre de l'or bleu, le port de Sébastopol à la flotte russe. Dans le même temps, elle siphonnait les gazoducs traversant son territoire pour abreuver la Communauté européenne. Les banques étaient coutumières des faillites, les Ukrainiens aussi. L'inflation de la nouvelle monnaie, la grivna, était l'indicateur économique le plus dynamique. Les gens du Donbass parlaient toujours de « rouble ». Il fallait pourtant s'habituer à l'idée d'Ukraine.

La vigueur de nos vingt ans ne put compenser le désastre qui nous environnait. Je me souviens qu'un jour Émile réussit à acquérir une première Lada pour une grosse poignée de dollars. Nous paradions par les rues du quartier, vêtus des premiers jeans et autres fringues américaines importées. Pourtant nous rentrions chaque fois avec la tombée de la nuit. Les bandits écumaient les routes du Donbass, les crimes et les vols étaient trop innombrables pour les colonnes des gazettes. Textilchik se targuait d'être le quartier le plus sauvage. Les usines de coton de nos mères avaient mis la clé sous les immenses portiques. Désœuvrées, ces dernières suivaient avec stupeur les empoignades des gras députés de la Rada, se battant avec le marteau du président du parlement. Les élus de tous bords se cognaient vilement au milieu des fumigènes entravant le décompte des mains levées. Les communistes et les nationalistes s'insultaient à pleins poumons tandis que leur prospérité concurrençait le budget de l'État. Les clans du Dniepr et de Donetsk se toisaient en chiens de faïence. C'étaient eux, leurs rejetons et leurs gendres qui manœuvraient désormais les vannes des pipelines, régnaient sur l'archipel d'aciéries et gouvernaient la nébuleuse de mines de feu le siècle rouge.

Durant notre jeunesse, Donetsk vécut moins sous l'administration de Kiev que sous le joug des oligarchies. Les cliques politiques possédaient leurs fiefs. L'Est et le Sud constituaient celui du fameux Parti des régions. La démocratie fraîchement proclamée n'était jamais tant un choc des idées qu'une confrontation de bastions. L'unité du pays y était toujours en question. Le clan de Donetsk avait fini par conquérir le pouvoir. Jusqu'à la révolution.

Lisboa

Après les congés de mai, Émile tenta vainement de se concentrer sur ses wagons d'anthracite, le plus riche, le plus carboné de tous les charbons, celui qui faisait l'orgueil de la région. Coincé au bout de son solennel bureau, engoncé dans un trois-pièces sur mesure, il étudiait les chiffres d'extraction. Ses brigades en avaient soustrait aux entrailles de la terre près de cent mille tonnes en avril. C'était inférieur aux volumes de l'année précédente. Non que le filon s'épuisât – le Donbass regorgeait de houille et de roches sédimentaires – mais il fallait chaque fois forer plus loin et plus profond. Le puits du carreau de Dzerjinsk dépassait déjà le kilomètre sous terre. Son petit millier de mineurs perdaient un temps précieux à rejoindre les ultimes galeries. La ventilation devenait un sacré défi. Émile s'agrippait à ses wagons d'anthracite pour que ses pensées n'en reviennent pas à sa femme, Zlata, qui dorait certainement sur une plage au Portugal.

Il liquida ses affaires à la mine. L'indépendance de la République de Donetsk avait été proclamée au terme d'un référendum populaire mais biaisé.

Même des journalistes étrangers étaient parvenus à voter. L'armée ukrainienne s'apprêtait désormais à punir les audacieux et à mater la sécession. La riposte de Kiev connaissait une gestation poussive qui ne l'empêchait pas d'être inéluctable. En attendant les troupes, la zizanie occupait le terrain avec succès. Les couvre-feux se décrétaient d'eux-mêmes, à cause de la pègre qui ressortait de terre. Les gens ne craignaient pas tant la guerre que le retour de l'anarchie de la décennie 1990. Son souvenir était frais dans la mémoire collective. Des bandes braquaient les camions des sociétés d'oligarques honnis, pillaient les rayons d'alcool et les combinats de cochonnailles. En Ukraine, la saucisse est cruciale. L'inflation se mesure à son aune. Elle remplace le pain dans les statistiques du pouvoir d'achat. Nous retenions nos fous rires à la lecture de ces brèves et de ces rapines que rapportaient les derniers journaux à paraître. Pourtant nous devinions que, après la charcuterie et le cognac, ces gars-là s'en prendraient au charbon et à la fonte. Leurs leaders convoitaient les industries. Des hommes armés étaient revenus pour des pourparlers. Émile louvoyait. Le dilemme était le suivant : fuir vers ce qui resterait de l'Ukraine ou bien rallier la Russie qui s'agrandirait d'autant ?

Un jour, au petit matin blême, un séparatiste qui appréciait Émile l'a prévenu qu'il serait prudent de filer à l'anglaise. Quelles que soient ses opinions, un commandant improvisé avait prévu de le déposer pour mettre la main sur la mine. « Déposer » relevait de l'euphémisme. Émile m'a secoué sans ménagement dans mon canapé. La clarté de l'aurore était à peine perceptible. Potron-minet. J'ai immédiatement pigé à l'air grave qui figeait son visage. Je me suis levé en un éclair, j'ai passé du linge qu'il m'avait offert et enfilé mes chaussures d'orchestre immaculées. Émile s'est débarbouillé prestement et a réapparu dans une marinière. Les bagages étaient bouclés depuis quelques jours déjà. On ne nous prenait pas tout à fait au dépourvu. Malgré l'urgence, Émile a tenu à ce que l'on s'assoie afin de se recueillir deux minutes, en silence, comme le veut la coutume avant les longs voyages. Dieu savait combien de temps durerait celui-ci. Puis nous avons dévalé l'escalier avec les maigres valises et embarqué dans la Volga, belle comme une voiture soviétique, pour se glisser dans l'aube vers la sortie du bled et par un savant détour. Là, Émile a pilé et m'a posé une colle :

— Au fait, mon vieux, où allons-nous ?

La question était moins ouverte qu'elle n'en avait l'air. Il s'agissait de prendre à l'est ou à l'ouest, de choisir son camp et de voter avec ses pieds. C'était toute la question de cette maudite sécession : un dilemme de points cardinaux. J'ai annoncé à Émile :

— Je ne pars pas sans mon premier violon.

— C'est quoi encore cette histoire ?! s'est-il offusqué.

— Je l'aime, Essénia, ai-je dit sur un ton lamentable, ça fait cinq ans qu'elle est là devant ma baguette à réciter du Prokofiev.

— Tu devrais quitter le Donbass avec ta famille, Vladlen. C'est pas le moment de courir les jupons.

— Émile, je vais faire autrement, d'accord ?

— Bon, a tempéré Émile, et où se terre-t-elle, la belle ?

— Elle a dû se réfugier chez ses parents à Snejnoïe… Je n'ai pas de nouvelles.

Émile a fait une drôle de moue, parce que Snejnoïe abritait l'un des bastions de la contre-révolution. Les autochtones y étaient tous pro-russes jusqu'au bout des ongles, avec des kalachnikovs dans les pognes et des tanks dans les cours et les jardins. Ils avaient promis à Kiev un nouveau Stalingrad. Puis Émile s'est ravisé. De toute manière il comptait rejoindre la Russie et Snejnoïe se dressait en plein sur son chemin. C'était pour moi plutôt qu'il se faisait du mauvais sang, mais je l'ai rassuré. On m'avait certainement déjà oublié. Les rebelles avaient d'autres chats à fouetter. Toute l'armée, la garde nationale et les bataillons de volontaires de Maïdan convergeaient vers le Donbass. Des avions de chasse striaient régulièrement le ciel. Émile a démarré en trombe et nous nous sommes retrouvés pris dans les écharpes de la brume matinale, à foncer vers la frontière.

Une heure plus tard, l'astre solaire avait dispersé les brouillards. L'horizon s'étalait, morne. Émile tenait négligemment le volant, avec la crânerie d'un vieux routier. Le directeur de mine s'était mué en un quadragénaire aux biceps encore gonflés, marqués des empreintes rondes d'anciens vaccins. Nous aurions aussi bien pu nous trouver sur la route des vacances. Je contemplais la steppe en songeant aux tableaux du peintre paysagiste Kouindji. Ma mère aimait ses huiles parce qu'il descendait d'un cordonnier grec de Marioupol et qu'elle imaginait en lui un cousin très lointain. Nous possédions à la maison des reproductions de ses œuvres, dont l'une, si étrangement réelle, ressemblait à une photo ratée d'une grande plaine. On y voyait tout le désespoir des vastes terres et l'abîme des horizons aveuglant confusément.

Sur une autre toile qui trônait dans les toilettes, une campagne, un chemin d'ornières et un arbre unique. Les prairies étaient cantonnées à un fin liseré en bas du cadre. Au-dessus d'elles planait, immaculé et solitaire, un formidable cumulonimbus occupant tout l'espace. Le ciel y était bleu comme par les fenêtres de la Volga.

C'était la steppe, champêtre et sauvage à la fois, de friches et d'herbes folles. Le ciel, composé de nuages à étages, montrait plus de relief que la terre. Seuls des puits, des terrils exposant la palette de la géologie locale, des cheminées d'usines jalonnaient le paysage. L'uniformité et l'immensité dissuadaient de toute excursion. Devant l'inutilité de ses pas, on ne se sentait guère l'âme de se garer pour une promenade. Marcher ne promettait de découvrir aucun détail que le regard n'embrassât déjà. Nous voguions par des routes rectilignes qui ondulaient au gré de collines imperceptibles. Émile avisait le lointain. Je ne sais pourquoi, la certitude m'a traversé que c'était ce genre d'homme dont avait besoin Essénia, quelqu'un qui déchiffre non des partitions de concertos, mais les embûches de la cacophonie du quotidien.

Nous nous étions perdus de vue lorsque Émile avait été incorporé pour son service militaire. Sa santé robuste lui avait valu la mention « Apte pour le cosmos » à la visite médicale. Autant dire que, à ma différence, il n'avait eu aucun espoir de se voir réformé. Quelques mois au soleil chauffé à blanc de l'Afghanistan, dans les derniers jours de la guerre. L'Armée rouge se retirait. Il avait à peine aperçu Kaboul et tout juste reçu le baptême du feu contre les moudjahidins. 1989. Qui aurait prédit que c'était là la der des ders pour la gloire militaire soviétique. Quelques boulettes de haschisch et les montagnes si aériennes du Pamir. Il avait vécu par procuration, au fil des récits de soldats aguerris, l'horreur de ce conflit entamé lorsque nous étions sur les bancs de l'école. Les universités n'accueillaient plus que des étudiantes. De Minsk à Vladivostok, tous les jeunes hommes avaient été mobilisés. Les filles se languissaient. Émile avait franchi l'Amou-Daria avec le général Gromov. Il s'en était retourné par le Tadjikistan jusqu'au Donbass, repeupler les bancs de l'Institut minier et assister à la chute de l'Union.

Dans le même temps, j'avais échappé à la conscription grâce à mon physique chétif et au conservatoire. Sans doute me faisais-je des montagnes de sa campagne d'Afghanistan mais je mesurais combien la musique avait dérobé ma vie d'homme. Émile me narrait ses souvenirs en contournant les ornières de la chaussée mitée : les unités viriles et tyranniques de l'Armée rouge déclinante, l'existence téméraire des gueules noires. Une existence bien trop russe pour un Ukrainien. Nous comptions quarante ans passés et nous étions à peine recroisés depuis notre jeunesse à Textilchik. Hanté par son prénom, il avait obtenu son diplôme d'ingénieur géologue et écumé les mers fossilisées du Donbass entre charbonnages d'État et filons privatisés. Il avait fait ses classes et son trou, grimpé les étages un à un. Dans une mine plus qu'ailleurs, la métaphore est salvatrice. De mon côté, j'étais monté à Kiev auprès de grands maîtres de musique, ceux-là mêmes qui avaient été soudain contraints, pour subsister, d'accorder des leçons particulières aux rejetons sous-doués de dynasties oligarchiques.

Je m'étais marié à Donetsk, mais mes tournées me menaient plus souvent à Paris ou Berlin qu'à travers le Donbass. Émile me téléphonait à l'occasion. Une ou deux fois, il était venu me saluer en vieux camarade dans les coulisses de l'Opéra. La dernière, il m'avait annoncé ses noces, à lui, l'homme de vertu aux coups de sang rares, violents et décisifs. L'heureuse élue remontait dans sa voiture à la sortie d'un restaurant. Émile l'avait idolâtrée au premier coup d'œil. Il avait enfoncé l'accélérateur et doublé la belle avant de la presser vers le bas-côté. Elle s'appelait Zlata et s'était à peine offusquée de ses manières aussi cavalières que courtoises. Il l'avait épousée à Dzerjinsk, dans une salle des mariages baroque, tendue de draperies veloutées, plantée de fausses colonnes grecques, sous l'accompagnement d'une grosse dame peroxydée qui pianotait du Joe Dassin. Puis ils avaient emménagé dans cet appartement kitsch et anesthésiant où Émile m'avait accueilli. L'avenir était couleur anthracite. Un jour, pourtant, il s'était assis devant son miroir :

— J'avais la trentaine, des tempes grisonnantes, un salaire trop modeste, je travaillais pour une industrie déprimée, vivais dans un pays en lequel je n'avais pas foi. Cela ne pouvait pas se limiter à ça, la vie, a soupiré Émile. Si j'avais su…

Il avait émigré avec sa fraîche épouse et, à part une carte postale de Lisbonne et de ses tramways aussi déglingués que les nôtres, je n'avais plus reçu de courrier. Tous les Ukrainiens se précipitaient alors au Portugal en quête d'une destinée plus lumineuse. C'était pourtant un des États les plus minables de l'Union européenne en gestation. Des contingents entiers débarquaient illégalement sans savoir un traître mot du vocable local. Ils s'engageaient chez les maraîchers, dans les champs d'oliviers, sur les chantiers. Le Donbass pourvoyait des milliers d'exilés, troquant la noirceur pour l'azur. Lisbonne les accueillait à bras ouverts. Il partait des gens de toutes qualités, des ingénieurs, des petites mains, des putes, des professeurs, des bandits ou des champions de natation. Tous encourageaient à leur tour leurs proches à faire le grand saut.

Des gars comme Émile, qui avaient œuvré avec leur cerveau des années avant d'en revenir à des tâches manuelles parce qu'on gagnait plus à Porto ou à Lisbonne, l'Ukraine en avait compté autant que l'URSS avait laissé de spécialistes en physique nucléaire et d'éminents chirurgiens sur le carreau. Ils s'étaient improvisés chauffeurs de taxis ou vendeurs de réfrigérateurs. Ils ramassaient les pêches et les oranges. Le Portugal régularisait cette diaspora qualifiée. Elle jouissait de salaires dont la modestie lui semblait toute relative. Une bicoque avec vue sur l'océan, les sourires et les « *Obrigado* », tout cela en lieu et place des mines patibulaires sur fond de neige salie par les cheminées d'usines.

D'autant que les patrons portugais n'écrasaient pas les quidams de leur règne ostentatoire. Les émoluments étaient versés au centime près. Il eût mieux valu que tous les orphelins du parti communiste émigrent vers Faro plutôt que de prendre les armes pour restaurer leur fierté tombée avec l'URSS. Plutôt Coimbra que de devenir alcoolique à force de ressasser qu'on avait été membre correspondant de l'Académie des sciences. Le gouvernement ukrainien se fichait désormais éperdument des orbites et des exoplanètes. Le Portugal également, mais la beauté de la terre n'y cédait en rien à celle du ciel. On n'avait pas besoin de s'y consoler avec l'observation des étoiles.

J'étais enchanté de bavarder avec Émile. Notre cour à Donetsk ressuscitait. Il n'avait pas corrigé ce défaut de prononciation des *r* que connaissent beaucoup de Slaves, ne parvenant pas à les rouler. Lénine lui-même en était atteint. On appelle cela *kartavit* et des orthophonistes s'essaient d'ordinaire à corriger cette tare. Émile disait tous les *r* à la française, comme si son prénom ne suffisait pas. Cela lui conférait un charme indéniable. Je ne sais comment il s'était débrouillé à Lisbonne avec le portugais. Se sacrifier comme ramasseur de tomates n'exigeait pas de maîtriser un large vocabulaire. Sa progéniture deviendrait lusophone et profiterait de cette place au soleil. Ce bonheur de s'user pour la chair de sa chair que lui offrirait son aimée consolait son spleen et son blues : celui de s'être exilé de sa *rodina*, sa terre natale et sacrée, son Donbass.

Seulement Zlata l'avait quitté en omettant de faire un enfant. Alors qu'il transbordait des caisses de tomates destinées aux hypermarchés londoniens, elle s'était amourachée d'un Lisboète au teint mat, un gars entre mille. Émile s'était douloureusement remémoré son père, volatilisé, lui aussi, en Oural polaire. Il a cessé un instant de scruter la route pour me toiser sévèrement, moi l'homme adultère, entiché d'Essénia. Les trahisons le cernaient. Pourtant, il s'était convaincu que l'exotisme consistait en une parenthèse. Zlata assouvirait son appel du large et des mers du Sud. Son dévoiement serait passager. Elle épancherait ses élans, ressusciterait de ses éblouissements. Lui-même avait erré, jusqu'à se morfondre dans quelques bordels de prostituées angolaises, avant que toutes ces peaux ébène et ce ciel azur ne le fassent déprimer plus sûrement qu'un plafond de nuages moutonneux et sombres. Le Midi exige le bonheur, sans quoi il se mue en enfer. Zlata ne revenait pas. Il en avait eu assez de l'éther et s'était décidé à retourner au charbon. Émile avait fait demi-tour vers le Donbass et tracé une croix sur l'Europe.

Blok-post

Émile m'a confié tout cela et puis le silence s'est abattu. Nous avons roulé un certain temps vers le nord-est et la rivière Donets. Les terrils de mines pointaient. On en voyait des chauves et d'autres recouverts d'une végétation parsemée, signe que le puits était abandonné. Émile a farfouillé dans la boîte à gants en se penchant, les yeux à ras du pare-brise. Il a déniché un disque au boîtier plastique lézardé présentant une photo vieillotte d'une femme très brune. La carlingue s'est mise à résonner d'un chant navrant dont la détresse inouïe se serait aisément dispensée de toute parole. Émile a remis dix fois le même morceau d'Amália Rodrigues. Et s'il ne l'avait pas fait, je crois que je m'en serais chargé. Les lamentations portugaises m'envoûtaient l'âme. C'était si beau que cela faisait mal. Le front se plissait, les sourcils se fronçaient, une expression de douleur intense se forgeait sur le visage. Le cœur lançait, un grand frisson et des fourmis galopaient sur l'échine. J'avais une furieuse envie d'arracher les enceintes et de les presser sur mes tempes comme on glisse sa tête entre les seins d'une femme. Pour ne plus être saturé que de cette élégie déchirante. Pour être envahi de cette mélopée. Essénia m'apparaissait dans la steppe comme un mirage, et Émile, muet devant l'indicible, revoyait tout Lisbonne en réminiscence. Zlata flottait et rôdait sur les balcons du Tage.

Soudain, au détour d'un virage, nous avons aperçu le premier barrage. En mon for intérieur, j'ai maudit sur quatre générations les séparatistes qui, en même temps que la grand-route, coupaient les fados d'Alfama. Ce ruban d'asphalte matérialisait la ligne de fuite de nos méditations et de nos regrets. L'esprit divaguait, la raison flanchait, les démons et les fantômes dansaient sur le capot brûlant. L'amertume est avant tout un paysage flouté par la vitesse. La route mouline les ratés de la vie, les soubresauts de l'existence. Elle est un exutoire. On n'a pas le droit d'y ériger des barricades. Cette échappée dans une Volga vintage ne ressemblait à rien d'autre qu'à une virée existentielle. Il nous fallait filer dans l'espace avec nos pensées sublimées par la profondeur des steppes et les sanglots de la *saudade* extatique. Nos sèves étaient asséchées, de trop d'entailles dans nos tendres écorces. Quarante ans et des poussières. Les dernières chances. La route était un carnage d'illusions, une boucherie de chimères, accouchant de mûres résolutions. Les kilomètres avalés par la Volga l'avaient été par nos vies. Il n'y a pas de *road trip* radieux. Il n'y a que des sourires à une joue, des bilans foireux et des malgré tout. Sauver ce qui pouvait l'être. Nous roulerions autant qu'il le faudrait, fuyant nos fourvoiements, guidés par l'émoi qu'éveillaient en nous Essénia et Zlata. La guerre n'était qu'un aléa, un décor, un coup de pied dans la fourmilière. Cette chaussée reliait deux points, non de l'espace mais du temps, une transe où le passé décantait quand un futur s'esquissait. C'est pour cela que j'ai honni ces tocards qui tenaient leur barrage de hors-la-loi au beau milieu de ce fado souverain. Avec quel retard Émile a réagi ! Les séparatistes levaient déjà le canon de leurs armes vers nous, pensant que nous forcions le passage. Que de volonté il a fallu pour s'arracher à ces songes. Ce fut comme un réveil qui sonne au plus profond du sommeil, un abruti qui vous hèle en pleine composition d'un poème, une cruche commentant sottement la plus lumineuse des aurores.

— Freine, Émile ! Freine, bon sang !

Le check-point est ce qui surgit en premier lors des guerres civiles. On ignore qui le tient, si on le franchira vif et sans racket, s'il était à cet endroit la veille et s'il y sera encore demain. Depuis le début du chaos dans le Donbass, on donnait pour monnaie courante les enlèvements et les disparitions à ces *blok-post*. Émile tirait la même tête que si on l'avait dérangé dans sa tombe. Des drapeaux hétéroclites et sombres flottaient sur une barrière bricolée de pneus et de troncs. On reconnaissait l'étendard du Donbass : un soleil se levant sur une mer de charbon. Les autres emblèmes étaient notoirement inconnus. Nous n'avions qu'une peur, c'était de se faire réquisitionner la Volga et le disque d'Amália.

Le blok-post était disposé sur un croisement de campagne incarné par quelques boutiques de poteries et une petite pépinière. Des nains de jardin et des plantes recouvraient la moitié du carrefour. Les séparatistes étaient vêtus de rien et armés de tout, du fusil de grand-père à des battes, en passant par d'authentiques AK-47 qui avaient surgi d'on ne savait où. Un fatras de branches et de pneus se tenait prêt à s'embraser au premier cocktail Molotov, en cas d'offensive ennemie. Tous les concessionnaires de la région avaient été pillés. Il ne restait pas un bout de caoutchouc. Émile a stoppé la Volga devant un type en jogging, coiffé d'un casque de mineur et muni d'une carabine. Il a fallu baisser le son de l'autoradio jusqu'à un murmure chuintant. De grosses voix rauques et impératives sont venues le couvrir de leurs injonctions sourdes. On a ouvert la portière et un factionnaire s'est présenté :

— Commandant Lynx ! Votre destination ?

— Ivan Kusmitch, a menti Émile, décontenancé par ce nom de guerre enfantin, nous nous rendons vers Snejnoïe.

Émile donnait partout des faux noms, même si personne ne se souciait sans doute de nos désertions. La République de Donetsk en était à ses balbutiements et le Donbass s'était vite mué en un bordel innommable. Ledit commandant Lynx a vaguement fouillé la Volga et puis, comme Émile arborait à dessein un ruban de Saint-Georges, il a questionné dans un argot de repris de justice :

— Les Ukr, putain, vous les avez vus ?

Les Ukrainiens, c'étaient l'armée de Kiev et la garde nationale. Cette dernière avait été créée au lendemain de la révolution, dans l'urgence absolue, pour pallier les forces militaires exsangues. Ils campaient dans la steppe. Parfois ils passaient à l'offensive. Les séparatistes en herbe mettaient le feu aux pneumatiques et cela dressait un barrage de fumée âcre et noire qui s'élevait dans le ciel pur en dilatant l'horizon. On n'y voyait goutte et tous les rebelles avaient le temps de s'évanouir dans la nature. Ces escarmouches minuscules faisaient les gros titres des journaux à Berlin et à Londres. Des gueux armés de bâtons faisaient trembler l'ancienne troisième puissance nucléaire – l'Ukraine !

Émile a répondu :

— À dix kilomètres environ…

— *Spasibo moujiki…* Ils se rapprochent, ces fumiers… Il faut que vous nous donniez un coup de main… Kiev mobilise toute l'armée contre nous… Rejoignez le combat !

— Oui, mais vous vous battez pour quoi exactement ? ai-je demandé.

— Comment cela, pour quoi ? Mais… pour le Donbass, pardi ! Contre ces fascistes de révolutionnaires !

— Je voulais dire… vous êtes plutôt… fédéralistes, autonomistes ou bien peut-être indépendantistes ?

Le gars semblait un peu désarçonné.

— C'est-à-dire… Je suis… putain… pour le Donbass… On verra après pour les détails ! Quelle différence ?

— Eh bien, est intervenu Émile, fédéraliste ou autonomiste, c'est un peu… voyons… la ligne douce, quoi… comme les mencheviks pourrait-on dire…

— Ah non ! Moi je suis pour les bolcheviques !

— La ligne dure alors… La sécession, l'indépendance…

— Ça se voit pas, non ? et il a brandi sa pétoire. En voilà des messieurs de Donetsk ! C'est quoi tout ce baratin... Est-ce qu'on a le temps pour philosopher ? Je vous confie un colis, putain, vous transmettez ça au prochain blok-post. Notre caisse a brûlé... Une attaque de ces salauds d'Ukrainiens...

Il a fait signe à une femme aux lèvres tatouées, coiffée d'une casquette kaki et qui semblait très investie dans ses nouvelles fonctions. Ils ont enfourné un paquet énorme emballé d'une bâche dans le vaste coffre de la Volga. Je me suis demandé sur quels critères il avait subodoré que nous étions de son bord – notre voiture soviétique, nos gueules ? Sans doute n'ignorait-il pas qu'avant le prochain blok-post, nous ne rencontrerions aucune bifurcation.

— Vous demandez le Transnistrien, c'est de la part de Lynx. *Spasibo !*

Nous étions bien embarrassés. Si la garde nationale nous tombait dessus, c'était la case prison avec ratonnade en dessert. Nous préférions ne pas savoir ce que nous convoyions. Avec les champs et les nuages, nous n'y avons plus pensé. On s'est remis à converser. Ces querelles s'oubliaient facilement à voir le paysage défiler par le pare-brise. Émile me harcelait au sujet de mon mariage. Elle m'avait passé la bague au doigt peu après nos vingt ans, trop tôt, comme il était d'usage. Nous avions fait un fils prestement, avant de cesser de nous aimer. Ensuite j'avais connu un tas de nuits sans lune et sans étoiles en compagnie de choristes ou d'ouvreuses. Ce n'était pas tant un besoin impérieux de posséder des femmes qui me rendait si vorace, qu'une soif de biographies. J'aimais plus que tout pénétrer l'intimité des existences, violer des atmosphères cloîtrées, glaner des pans de vies, trépidantes ou indolentes.

Entre tant d'autres, il y avait eu cette ballerine dénuée de talent, issue d'une brillante dynastie de danseurs étoiles. Dans les couloirs de l'appartement familial s'exposaient les photographies de sa parenté sur les plus prestigieuses scènes d'URSS et d'Europe. Elle vivait entourée de la gloire pesante de celles et ceux qui n'avaient pu lui transmettre leur génie, tentant vainement d'arracher à ses parents et aïeuls un encouragement sincère. Elle hériterait des archives familiales auxquelles elle allait mettre un point final. J'avais fui lâchement ce profond tourment. Pourquoi se souvient-on de certaines plutôt que d'autres ? La seule qui m'avait jamais intéressé se nommait Essénia. Farouche, elle se défiait de ma personne. Un jour elle s'était rendue chez une voyante et la méchante tzigane avait médit sur mon compte en lui dressant un portrait peu flatteur de mon cas.

— C'est cette Essénia qu'on cherche ? m'a coupé Émile.

— Oui… Cette fois je ne la laisserai pas s'enfuir. Tzigane de malheur…

Car un beau matin elle était partie direction l'Italie avec une diva que l'orchestre accompagnait souvent lorsqu'elle braillait ses airs d'opéra, massacrant les paroles de Verdi. Elles avaient atterri à Rome et s'étaient résignées à faire des ménages, comme Émile avait cueilli des légumes au Portugal. L'URSS avait produit à la chaîne des cantatrices, des ballerines et des officiers. C'était le comble pour une révolution ouvrière.

— À cause des prédictions de la tzigane ? Je veux dire, si elle est partie..., a demandé Émile.

— Oui et non, un peu quand même, je crois.

— Et qu'est-ce qu'elle avait vu dans le marc de café, la vieille sorcière ?

— Que je vivais avant tout pour la musique et la couleur du ciel. Pour les femmes aussi...

À moi, il m'était arrivé une aubaine dans la vie, celle de pouvoir la gagner avec ma sensibilité. Elle me dévorait de l'intérieur, je souffrais des émotions qu'elle brassait et qui s'emparaient de mon être. Elle provoquait chez moi une sorte de claustration, je restais abasourdi à l'écoute de certaines œuvres, bouche bée devant les grandes toiles. J'étais touché jusqu'à la moelle à la vue de petites gens. Mes ripostes n'avaient parfois aucune autre logique que celle de sentiments écorchés et fulgurants se déchaînant dans mon crâne. Je risquais chaque fois l'incompréhension et le bannissement de toute autre communauté que celle d'un orchestre, d'une bande de troubadours, d'une école de peinture ou d'un cercle de poètes. Sans ces compagnons d'âme, j'aurais été sans famille. Dans mes relations sociales, un mot innocent pouvait me heurter plus durement qu'un blâme et engendrer des répliques crispées et décalées. Émile avait été l'un des rares amis d'une enfance où cette réaction disproportionnée à la beauté, à la tristesse ou aux blessures faisait de moi un gamin tour à tour prostré ou imprévisible. Avec l'âge, j'avais appris à m'accommoder de ces sanglots intérieurs pour mieux me noyer dans la société. Néanmoins, je n'ignorais nullement que cette sensibilité m'aurait achevé si j'avais été employé de banque. Grâce à la musique, elle était devenue mon arme et mon talent.

— Tu parles d'une prédiction, a repris Émile.

— Essénia sentait que j'hésitais, je n'étais pas assez empressé, nous tentions de sauver les meubles avec ma femme. Elle a fait une croix sur moi. Elle s'est envolée.

— Drôle d'oiseau, ton Essénia, au moindre trou dans la volière, elle s'évade pour te reprocher de ne pas mieux la garder.

— Zlata, c'était pareil ?

— Non, Zlata, ça a été le coup de soleil, voilà tout.

Les turpitudes de nos biographies nous ont à nouveau tenu compagnie un bout de grand chemin. Émile a conclu la sienne sur le récit de son dernier badinage avec une sage-femme de la clinique locale, qui lui avait prédit ceci :

— Ces dernières années, il y a plus de naissances de garçons que de filles, il va y avoir la guerre.

Nouvelle Russie

Au détour d'un virage est apparu le blok-post suivant. Un grand gars cagoulé avec tout un attirail en bandoulière a pointé son arme sur nous en nous intimant l'ordre de nous extirper de la Volga. Un comparse affublé d'un bandana kaki a affirmé que nous avions l'air d'avoir fait l'école et même peut-être des études. Nous devrions savoir comment nous y prendre avec un blessé. Nous avons traversé le talus qui séparait la route d'une friche où les séparatistes avaient leur camp. Une fille blonde au visage blême gisait dans la verdure rase. Sa jupe flottait vaguement au vent. Émile est devenu grave, parce que la mort laisse toujours pantois les vivants. Plus loin, le type nous a présenté un acolyte inanimé qui trépassait dans une mare de sang. Émile s'est précipité vers le coffre pour récupérer un kit de survie pour mineur de fond. Mais ce qu'il aurait fallu au mourant, c'était un bloc opératoire flambant neuf dans une clinique berlinoise.

J'ai aidé Émile à panser la charcuterie du pauvre gars. Le dégoût me compressait le cœur. Les chairs étaient laminées jusqu'à l'os. Émile a avoué discrètement qu'il était inutile d'appeler une ambulance. Personne d'ailleurs ne garantissait qu'elles roulassent encore. On a fait une croix sur la victime qui gémissait, et j'ai changé de sujet :

— Lequel d'entre vous est le Transnistrien ?

Le Transnistrien a fini par débouler. Il déambulait comme s'il portait des galons et des médailles. Il commandait la faction séditieuse. Ça a été mon tour d'aller au coffre de la Volga pour lui remettre le colis du blok-post précédent. J'étais plus que ravi de me débarrasser de ce fardeau. Il l'a à peine déballé, comme s'il avait tout de suite deviné. J'ai entraperçu quelque chose comme un canon de mortier et il m'a confié d'un air énigmatique :

— On va les faire redescendre sur terre, ces crétins.

Émile s'affairait autour du mourant, le cajolant pour lui alléger le trépas. Le soir tombait et nous n'étions pas prêts à reprendre la route. Les hommes du check-point nous ont conviés à passer la nuit dans leur cantonnement de fortune. Il y avait une tente de libre à cause des macchabées, qui passeraient la nuit dehors. Une cité-dortoir barrait l'horizon à un kilomètre. C'est de là qu'était venue la fille avec des provisions, par les rues défoncées zigzaguant entre les immeubles.

Nous avons préféré prendre nos quartiers dans un appartement ouvert à tous les vents. Les cours étaient surplombées de balcons dont le béton s'effritait jusqu'à laisser nues les armatures métalliques, dernier soutien de ces bouffées d'air et de tabac que prenaient des hommes fuyant leurs mégères. En fumant longuement, ils contemplaient les allées et venues. Des pneus à moitié enfouis et repeints en blanc délimitaient les plates-bandes. On trouvait aussi d'authentiques radiateurs enterrés à mi-corps et protégeant les plantes des passants. Les babouchkas repiquaient quelques fleurs que les fêtards arrosaient de leur urine la nuit tombée. Sur des bancs et des tables bricolées, à l'abri des frondaisons, leurs retraités de maris s'affrontaient aux échecs ou au narde. Aux jeux de hasard, les dés ne pouvaient s'avérer aussi pipés que dans la vie. À côté, les toboggans pour enfants avaient la forme de fusées. Les bambins se prenaient pour Gagarine. L'URSS avait pour programme d'envoyer toute la marmaille dans les étoiles. Combien d'adolescents avaient voulu devenir cosmonautes avant de plonger dans les mines et de finir par pisser sur les plates-bandes des grands-mères, la tête levée vers le ciel constellé, le samedi soir, après les rasades hebdomadaires ? Mais en quoi l'imposture soviétique avait-elle été supérieure à la supercherie du destin ? Les gamins d'Occident aussi s'étaient rêvés héroïques avant de terminer comptables.

Des mômes, on en trouvait immanquablement dans les faubourgs les plus déshérités, au bout des avenues infinies qui ne butaient que sur les entrées solennelles des usines sidérurgiques ou sur les colonnes des palais staliniens. La moindre ville recouvrait des hectares, fractionnés en une mosaïque de carreaux de mines, d'usines ou de cités. Les quartiers-satellites épousaient les contours des gigantesques industries. Il fallait longuement les longer en tramway, cahotant au rythme des cheminées et des puits. Les piétons n'avaient aucun avenir. Le moindre boulevard était plus large que le Dniepr. Des allées et des contre-allées, des rails, des rangées d'arbres, des parterres et des monuments aux braves. En conséquence de cet ordre des choses, les lieux du pouvoir politique étaient condamnés à rester des parvis glaciaux et des places désertes. La vie battait plus sûrement dans la périphérie des sidérurgies, à l'ombre des hauts-fourneaux paternels et protecteurs.

Dans les ultimes quartiers-dortoirs, au beau milieu des ferrailles rouillant sous les neiges et les calamités, on apercevait parfois des bandes de morveux, vêtus d'anoraks bon marché et fluorescents, s'égayant parmi des amas de charbon ou des résidus amoncelés sur les terrils. Ces teintes criardes, tachées de suie et courant sur une palette lugubre aux tons cirage et pétrole, fendaient l'âme. Il me semblait chaque fois contempler une de ces photographies noir et blanc où seul un personnage a été colorié. Des vestes citron tranchant sur un univers métallique. Comme ces jeunes filles mises de rose bonbon sortant de leurs immeubles sinistres, sous un ciel morose ayant laissé des flaques sur la chaussée cabossée. Elles les évitent de leurs talons reluisants et écarlates, seul pigment d'un paysage apocalyptique.

Oui, le Donbass présentait des facettes épouvantables. Mais cela dépendait aussi, comme partout, de la couleur du ciel. Selon que le soleil illuminât ou non le monde, ces colossales carcasses, ces grands ensembles à l'abandon, ces palais de la culture sépulcraux semblaient tour à tour cafardeux, glauques ou bien, parfois, touchés par une grâce. Figés par les décennies, ils témoignaient d'un temps soviétique, d'un passé si proche mais déjà relégué aux oubliettes par, peut-être, l'anachronisme de son industrie, l'obsolescence de sa modernité, la désuétude de son progrès. Il en allait de même avec la mode des femmes, dont la ringardise était au chic ce que le charbon était aux éoliennes. C'est comme cela qu'il m'apparaissait, le Donbass, sous les capes azur irradiant les steppes : immuable, déchu, et parfois grandiose. L'impression de se trouver face aux vestiges à peine altérés d'une insondable civilisation, avec ses statues socialistes réalistes et archaïques, taillées ou moulées à l'effigie des Lénine, Dzerjinsk et autres Artiom. Je m'imaginais parfois le souffle qui animait ces géants du siècle rouge, la ruche qu'étaient ces dédales ravagés. Mes souvenirs d'enfance étaient parcellaires. Ils ne concernaient que la brutale décadence de l'empire. Je n'avais pas connu l'apogée. Le Donbass ne pouvait plus espérer qu'un classement au patrimoine de l'humanité.

La nuit nous enveloppait. Nous nous sommes rassemblés autour d'un brasero, ils nous ont raconté que la garde nationale leur était tombée dessus à quelques encablures à l'aide d'un char à canon court. Ils avaient tiré dans le tas. La fille qui apportait des vivres depuis le village tous les jours et le jeune gars qui n'avait pas eu l'opportunité d'en découdre avaient reçu tout cela en plein, dans un sauve-qui-peut général. Par bonheur, la mécanique lamentable de l'armée ukrainienne était tombée en panne. Ils devaient tous leur peau à l'état miteux des engins antédiluviens. À l'heure qu'il était, les militaires se dépêchaient de réparer. Un petit groupe était parti à leur rencontre pour les mitrailler un bon coup pendant qu'ils démontaient les pièces de leur moteur.

Nous n'avons pas eu à rester équivoques sur nos identités car les hommes se sont mis à disserter tout seuls. Et puis, de convoyer des armes pour eux – à notre presque insu – nous avait définitivement rangés dans la catégorie des *nashi*, « les nôtres ». Ils en avaient gros sur le cœur contre Kiev, « les fascistes des Carpates », les politiques et les oligarques. Une litanie de blâmes et de récriminations s'échappait de leurs gosiers rauques entre deux bouchées d'un bœuf en conserve et des cuillères de lait concentré. Ils fustigeaient la révolution. Il y avait du concret et du fantasque. Certains gardaient un silence aimable en décortiquant leurs graines de tournesol. Ceux-là semblaient mieux porter leurs armes. Je me suis un peu enhardi :

— Et « le Transnistrien », c'est à cause de quoi ?

Le feu crépitait, le ciel était dégagé. Un éclaireur de seize ans était venu dire que les Ukr s'en étaient retournés à leur camp. Le Transnistrien a révélé :

— On est quelques-uns à avoir fait la sécession en Moldavie, à la chute de l'URSS, quand Chisinau a voulu imposer l'alphabet latin aux russophones. Et puis quoi encore ? On allait quand même pas se mettre à parler roumain ! Tiraspol et toutes les villes du Dniestr se sont soulevées pour flanquer une raclée à l'armée moldave !

C'était dans les années 1990, je dirigeais mon premier orchestre et Émile sa première section de mineurs. Il a fallu se remémorer tout cela. Le tout premier conflit entre ex-républiques socialistes, avec le Ferghana, le Karabakh et l'Abkhazie. Lénine, la faucille et le marteau ornaient encore les monnaies de Transnistrie. Moscou l'abreuvait de gaz gratuit pour lui éviter l'asphyxie. Le Transnistrien a conclu :

— Le Donbass aussi, nous allons le libérer ! C'est le moment pour le monde russe de se lever !

J'ai froncé les sourcils, j'ai fixé la braise. Ils narraient leurs exploits contre la maigre armée moldave avec les mêmes mots qu'aujourd'hui. Kiev avait simplement remplacé Chisinau. C'était la même guerre et, vingt ans après, les mêmes check-points, les mêmes griefs, le même soutien de Moscou, les mêmes treillis et la même mécanique : des vieux chars de l'Armée rouge et des KamAZ trafiqués. Rien n'avait changé. Une guerre postsoviétique. Le dépècement de l'URSS avait laissé quelques problèmes de cadastre à l'échelle continentale. Tous ces camarades qui cohabitaient jadis dans un idéal de classe ouvrière s'étaient rabattus sur des idées plus bornées et terre à terre. Il y avait aussi un Serbe qui nettoyait compulsivement son arme. On affluait vers le Donbass pour poursuivre des conflits larvés ou avortés. La région devenait le défouloir. Les Serbes étaient venus prêter main-forte aux séparatistes pour s'acquitter du soutien russe en Yougoslavie. Les Croates s'enrôlaient en face avec les Géorgiens et roulaient pour Kiev. Les Tchétchènes, les Ossètes ou des aventuriers européens marchaient pour Donetsk. Des représentants de toutes les Russies se tenaient prêts à faire face aux paramilitaires polonais, américains ou lituaniens. Une nouvelle guerre, froide et indirecte, naissait autour de nous. L'Ukraine était une case stratégique du jeu d'échecs.

Les guerres intestines sont des problèmes de

digestion. Certains n'avaient pas avalé la pilule de la chute de l'Union. Le ciment s'était effrité dans le sillage des satrapes déchus. Staline s'était joué des frontières et des peuples. Les rancœurs et les haines éclataient au grand jour. Mais au Donbass se tramait un divorce ô combien plus fratricide, inimaginable, entre l'Ukraine et la Russie. Autour de nous les rebelles arrosaient leurs déclarations belliqueuses de bouteilles de Crimée. J'écoutais, m'efforçant de ne pas laisser transpirer mon ébahissement. Qui étaient ces inconnus jouant le sort de notre sol ?

— Et les douanes ? a dit Émile, intrigué. Elles vous laissent passer ?

— Les douanes ukrainiennes ? a rigolé l'autre. Elles tentent de filtrer les volontaires venant prêter main-forte, oui... Mais la Transnistrie est un pays qui n'existe pas, voyez-vous... Même Moscou n'a pas osé !

— Et alors ?

— Et alors, nous sommes un pays de contrebandiers. Nous connaissons tous les sentiers.

— De quel commerce vous êtes-vous fait une spécialité ? ai-je demandé.

— Vins et spiritueux ! Nous nous occupions d'un « alcooduc » à travers la frontière.

J'ai mis quelques secondes à me représenter la chose. La gnôle circulait via un tuyau, à moitié enterré. Le liquide était siphonné. Il coulait sans risque d'un État à l'autre. Et des histoires comme celle-là, ils en avaient pour toute la nuit, jusqu'à l'orée du jour. Le Transnistrien s'est soudain enflammé :

— Il faut reconstituer la Nouvelle Russie, de Kharkov à Tiraspol, du Donbass à la Transnistrie !

Et il a brandi un drapeau rouge croisé de bandes diagonales bleues.

Nous y étions. La Nouvelle Russie, c'était Catherine II, Potemkine et Souvorov civilisant la steppe. La grosse tsarine avait rétabli le servage d'un simple oukase, soumis les Tatars de Crimée, mené ses guerres contre les Ottomans, touché aux mers chaudes, fondé *ex nihilo* Ekaterinoslav, Kherson, Nikolaev, Odessa et Marioupol. Si j'en avais entendu parler, de la Nouvelle Russie ! Mes ancêtres, les Grecs pontiques de Crimée, avaient été déplacés afin de coloniser les rivages de la mer d'Azov. 1779. Saint-Pétersbourg leur avait offert des terres, des exemptions militaires et fiscales. Ils avaient fondé Marioupol. Les écoles enseignaient le rumei hellénophone ou l'urumy turcophone, les églises résonnaient d'offices orthodoxes grecs. À qui appartenait la steppe ? Aux cavaliers nomades qui la laissèrent vierge ou bien aux bâtisseurs qui la hérissèrent de cités ? Les gouverneurs russes avaient développé les champs sauvages. La Nouvelle Russie rappelait un passé que l'Ukraine contemporaine souhaitait surtout enterrer aux tréfonds des mémoires. Le faire renaître ailleurs que dans les livres d'histoire relevait de la démence. À l'abri de la clarté lunaire, j'ai soufflé à Émile :

— Ces gens sont mabouls, on leur parle d'Europe, ils vous parlent de tsars. Tu les entretiens d'avenir, ils rétorquent par des empires !

— Certes, Vladlen, mais pas un mot, tu acquiesces, tu consens, tu mens. Pas d'impair. Surtout tu ne réfutes rien !

Émile avait la flemme de rejoindre les immeubles glauques pour y passer la nuit. Nous nous sommes couchés sous la Voie lactée, des dizaines de constellations anonymes planaient au-dessus de notre pré. Cassiopée brillait de tous ses feux. Une « chute d'étoile », comme on dit en russe, perçait le ciel de ténèbres, étirant une traîne d'or. Le Transnistrien, qui lui aussi, allongé sur le dos, regardait les astres infiniment lointains, a lancé encore :

— Les nationalistes ukrainiens doivent mourir face contre terre. Même les étoiles, je ne les partagerai pas avec eux. Aujourd'hui, à la radio, ils ont dit que l'Europe a posé un module sur la comète Tchourioumov-Guérassimenko... Découverte par des astronomes de Kiev sous Brejnev... Vous diriez quoi, vous ?... À la radio, bien sûr, ils ont prétendu qu'elle était ukrainienne, cette comète. La vérité c'est qu'elle est soviétique, comme Spoutnik.

Le démembrement de l'URSS concernait aussi les astéroïdes et les poussières stellaires. À côté, le blessé râlait poussivement. Je ne sais pas s'il contemplait Orion ou le firmament. À sa place j'aurais dévoré du regard tout l'Univers car, à l'aube, nul ne savait ce qu'il verrait. Lénine n'avait rien laissé dans ses œuvres complètes au sujet de l'au-delà. Je me suis éloigné pour dormir, avec sur le cœur un drôle d'effet. C'était la guerre, les gens passaient l'arme à gauche. Et puis, pendant la veillée, un des séparatistes autochtones s'était fendu d'une anecdote : à Donetsk, le chef de l'orchestre du 9 Mai avait osé interpréter l'hymne ukrainien. Tous avaient ri grassement en chœur de ce qu'il était advenu de la fanfare, tabassée, se protégeant des matraques avec des trompettes et des archets. J'avais retiré mon visage éclairé par les flammes vers l'obscurité. Émile faisait une drôle de moue. Au moment de s'assoupir, il m'a dit en catimini :

— Il faut qu'on aille se mettre au vert. On ne peut pas s'enfoncer derrière les lignes séparatistes avec ta réputation de troubadour patriote.

Du reste, tous les citadins rejoignaient les datchas et les potagers des babouchkas afin d'attendre que l'orage passe. L'armée ukrainienne allait écraser tous ces fadas. Les républiques de Donetsk et de Lougansk ne divertissaient plus personne. Kiev vociférait qu'il écraserait cette farce. La mitraille allait remplacer les railleries. C'est sur cette certitude que le sommeil m'a fauché.

Les sécessions barbares

Au petit matin blême, la rosée perlait sur mes cheveux. Je les ai peignés de mes doigts écartés, je me suis redressé sur les coudes et j'ai écarquillé les yeux. Le Serbe, le Transnistrien, les séparatistes du coin s'étaient volatilisés. Émile émergeait lui aussi d'un sommeil brut. Le blessé à côté avait rendu l'âme avant l'aube macabre. Des moujiks ont assemblé un cercueil de planches. On y a déposé le corps grêle et glacé de la fille avec. Il était tard quand nous nous mîmes en branle.

À cause des blok-posts abandonnés et de quelques blindés non identifiés, nous avons vite cessé de comprendre si nous nous trouvions en territoire dissident ou bien contrôlé par l'armée. Quant à cette dernière, on ignorait de toute manière ses intentions. La rumeur propageait que certains bataillons refusaient de combattre. Ils passaient à la sécession ou bien se rendaient avec armes et munitions. Les informations se contredisaient aussi radicalement que les porte-parole de Moscou et de Washington. À vrai dire personne ne saisissait ce qui se tramait. De tout ce qui advenait, c'était bien cela le plus terrifiant.

Le seul élément immuable restait ces chevalements pointant çà et là, soutenus par leurs bigues et surmontés de leurs molettes, sortes de grandes poulies guidant les câbles d'extraction. Ils étaient posés au-dessus des fosses où plongeaient les cages. En surface, on ne distinguait des mines que ces grands châssis métalliques et les inévitables terrils houillers, cônes de terre stérile aux teintes minérales, gigantesques amas de scories déversées à la verticale et sillonnés de rigoles, orage après orage. Les terrils ! Pyramides des steppes, kourganes, derniers témoins de la civilisation soviétique, volcans des grandes plaines. Les recensements en dénombraient pas moins de six cents à travers le Donbass. Vus du ciel, leurs flancs se présentaient comme des pentes de lave asséchée, faites de langues et de coulées d'où s'échappaient des fumerolles. Il existait aussi des terrils tabulaires, vastes terrasses de schistes rouges étalant leurs reliefs et leurs vallons lunaires au-dessus de la chlorophylle estivale. On en trouvait des chauves, ocre, noirs ou bleu myrtille, avec leurs replis de terrain, leurs doubles ou triples sommets.

Les « montagnes des steppes » se reflétaient à l'occasion dans les étangs industriels logés à leurs pieds. Elles culminaient à cent mètres et au-delà, plus aériennes que les éminences naturelles, plus vertigineuses que les barres d'immeubles khrouchtchéviennes à neuf étages. L'hiver, la neige les recouvrait, elle subsistait au printemps à l'abri du soleil, dans les ravines. Ces pains de sucre avaient transfiguré la steppe dont ils portaient haut l'histoire moderne. Leurs silhouettes parfaites se découpaient sur les ciels, qu'ils fussent ténébreux ou azur. Le soleil se couchait parfois derrière un de ces triangles, diffusant ses rayons, éclipsé par un isocèle géologique artificiel. Quand ils allaient par deux, se rejoignant à la base, les locaux les surnommaient « la poitrine », dans un large sourire béat. Les seins coniques pointant vers le lait des nuages dans une allégorie de la terre mère et nourricière.

Au sommet des terrils abandonnés des vastes banlieues, les jeunes aimaient se retrouver pour vider quelques briques de mauvais vin avec vue sur les usines fumantes. Le samedi soir, on pouvait s'y enivrer autour d'un feu nourri des quelques bois morts de la végétation envahissant les pentes raides, au hasard de la fertilité des sols remontés des entrailles. Des accidents agrémentaient à l'occasion les faits divers des journaux. Les éclairs des terrifiants orages d'été suffisaient à entraîner la combustion des résidus de houille et des poussières de charbon, un feu lent, des décennies durant. Au cœur des cônes se formaient des fours, chauffés à plusieurs centaines de degrés, recuisant les roches et conférant ces teintes violettes ou rousses aux pentes. Rarement, ils explosaient, ensevelissant les maisons voisines, projetant des panaches incandescents.

La nuit, on pouvait apercevoir des lueurs bleutées planant au faîte des terrils en combustion. Malheur alors au poète contemplant sereinement les hauts-fourneaux et le paysage du Donbass. Ces vésuves de l'anthracite étaient à l'origine de véritables tragédies. L'année 1966 fit par exemple des dizaines de morts. Un glissement de terrain dû aux pluies d'été avait mis à nu un cocktail explosif. Des tonnes de débris minéraux ensevelirent des maisons bâties au plus près du cône où les habitants recueillaient de quoi se chauffer. On les retrouva carbonisés par les coulées et le nuage de cendres : des femmes enceintes, des gamines assoupies, des vieillards en pantoufles. Le secteur fut rasé de la surface du Donbass. Les journaux n'en dirent pas un mot. Des accidents de ce genre, il y en eut d'autres au hasard des flancs de ces volcans endormis. Certains curieux partis à l'assaut de ces collines ridicules n'en revinrent jamais.

Émile roulait paisiblement vers la rivière Donets, où un de ses camarades d'Afghanistan pourrait nous mettre au vert quelque temps. Nous nous remettions de nos émotions de la veille. Des cadavres, je n'en avais guère aperçu que dans notre quartier malfamé de Textilchik, aux prémices des cruelles années 1990. Notre voisin avait décidé un soir de sortir les poubelles en peignoir. On l'avait retrouvé égorgé le lendemain en partant à l'école et nous nous étions toujours demandé ce qu'on avait alors bien pu lui dérober. Mais c'était une décennie féroce. L'Occident ne mesurera jamais à quel point elle a frappé les esprits. Elle a fait haïr l'idée même de « changement » ou de « révolution ». Le plongeon de l'URSS est associé pour l'éternité à ces utopies qui gâtent le quotidien et les destins. Et par utopie, on désignait aussi bien le communisme que la démocratie ! Les années 1990, tout le monde ex-soviétique les avait en travers de la gorge. Ces dix ans-là peinaient à s'abîmer dans les abysses du siècle passé. L'actualité resservait trop souvent la même potion amère. La révolution de Maïdan risquait d'enfoncer à nouveau l'Ukraine dans les marais de la misère, la pègre et l'humiliation.

Je me revoyais avec Émile, dans sa Lada, sillonnant Textilchik, pour agacer les filles. Elles rêvaient toutes d'un mari qui les sauverait du marasme. Pour cela, elles étaient prêtes à aimer même avec leur cœur. Nous n'étions que des petits gars sans le sou, sans verve, sans flingue. Nos meilleures années coïncidaient avec la pire des époques. Par bonheur, nous n'étions pas tout à fait conscients de ce drame, celui d'avoir vingt ans et une trop bonne éducation, à l'heure de l'anarchie, de la vénalité et de la gloire des bandits. Les filles ont l'instinct de l'amour-survie. Beaucoup jetaient leur dévolu sur des gros bras, capables de les sortir autant que de les protéger. Nous louvoyions à l'intuition, avec une dose d'inconscience et de sacrées paniques. Il n'y avait guère qu'Émile qui pouvait se permettre de soutenir les regards. Il était bien seul en ma fluette compagnie et nos virées s'achevaient irréfutablement en déroutes de minables. J'éprouve de la tendresse aujourd'hui pour le grand adolescent que j'étais. Sans doute ne l'ai-je pas été assez longtemps. Émile enchaînait quelques succès auprès de filles ne prétendant pas à l'impossible. C'était à notre portée. Et j'ai rencontré ma future femme.

Cette Lada de nos premières échappées, qu'était-elle devenue ? Déjà alors, elle appartenait à Émile. À quoi devais-je son amitié ? Que me trouvaient celles que j'avais serrées dans mes bras ? Ce penchant empathique pour la douleur du monde ? Était-ce seulement crédible ? N'était-ce pas plutôt ma personne qui leur inspirait pitié et compassion ? Le prestige du maestro ? À l'époque, j'usais les cordes de mon violon, assis sur le capot de la Lada pendant que les caïds forçaient la sono de leurs bagnoles trafiquées, toutes portières ouvertes et phares allumés. Nous racolions à la musique classique et héritions de quelques bonnes âmes aux cheveux longs. On reversait de la bière du cru dans des bouteilles importées, collées d'étiquettes étrangères pour faire illusion auprès des demoiselles. Aujourd'hui nous étions plus mûrs, la voiture était plus large, nos amours plus âpres, mais c'était du pareil au même. Et dehors, la meute d'éventreurs avait ressurgi avec le chaos.

— Émile, où se planquent-ils, tous ces cinglés, en temps de paix ?

— Nulle part, mon vieux, ils n'existent pas. Ils sont comme toi et moi… Il y a quelques semaines, aucun de ces gars ne songeait à s'entre-tuer.

— N'y pense pas, qui peut avoir l'instinct de s'étriper ? La guerre, à ces fous-là, la guerre c'est leur bon temps.

Je crois qu'Émile avait malgré tout raison. La révolution avait forcé la boîte de Pandore ukrainienne pour se venger du Prométhée léniniste. Elle se refermerait telle une gigantesque fosse commune sur des milliers de macchabées. Nos cadavres seraient peut-être du lot et c'était bien la première fois que j'y songeais. Aussi ai-je sursauté quand s'est profilée une imposante colonne de fumée au-dessus d'un taillis. Des volutes noirâtres montaient en vagues, alimentant un nuage de cirage qui éclipsait l'astre. La Volga a débouché sur un champ, vaste et planté de maïs. Émile est sorti pour scruter le désastre. Dans les ultimes sillons, des silhouettes s'activaient prestement. Une carcasse d'hélicoptère militaire était couchée sur le flanc, les pales brisées. L'engin était calciné. La queue arrachée gisait un peu plus loin sur les cultures fauchées. Un essaim de misérables s'évertuait à le désosser pour vendre les morceaux de carcasse à la ferraille. J'étais saisi d'un affreux pressentiment, un doute exécrable qui me donnait la nausée. Dans le silence consterné, Émile m'a devancé d'un navrant :

— Merde ! C'est avec le bazooka d'hier qu'ils ont fait ça !

La guérilla devenait verticale. La République de Donetsk avait ses prolongements dans la troposphère. Les séparatistes descendaient l'armée de l'air. Un commando de Kiev était déjà passé récupérer les morts : dix parachutistes, les pilotes et un vieux général coiffé d'un grand képi. La racaille locale dépeçait l'oiseau de fer dans la pagaille. Nous nous sommes enfoncés imperceptiblement dans les sièges et j'ai gémi :

— Émile, putain ! C'est nous qui avons convoyé ce truc pour le Transnistrien ! Ils ont abattu un hélico, Émile, merde !

Émile a relancé d'instinct la Volga sur l'asphalte accidenté. Il trahissait ses remords et son sentiment de culpabilité via son pied droit qui maintenait la pédale au plancher. La Volga volait comme dans une course-poursuite d'un bon vieux film soviétique. Je gardais le silence mais Émile s'est mis à faire des embardées périlleuses et j'ai fini par gueuler. Et puis j'ai compris qu'il regardait alternativement la route et une colline à droite, se penchant sous le pare-brise, le regard fermé et les yeux plissés. Des avions pilonnaient la petite hauteur. Ses flancs fumaient comme lorsque les brumes remontent les pentes des montagnes.

— Ils ont tiré de là-haut sans doute, a dit Émile, en essayant de passer une sixième vitesse qui n'existait pas. La chasse est en train de leur faire la fête, à nos copains.

— Émile, freine, la milice nous talonne. Et enlève ce satané ruban de Saint-Georges !

— Merde, s'est exclamé Émile, on est bons pour la taule, quelqu'un a dû balancer qu'on a pioncé chez les séparatistes.

Une Jigouli de la police de la route nous a dépassés, sirène hurlante. Mon cœur s'est affaissé dans mes chaussures blanches. Nous étions complices. Ce serait un passage à tabac en règle pour avoir collaboré avec les « terroristes ». Quelques années de taule à la clé. J'ai songé à Essénia qui viendrait me visiter au parloir de la colonie pénitentiaire. Tout était foutu. Surtout, conserver ces souliers d'apparat pour prouver que j'avais fait jouer l'hymne ukrainien au péril de ma belle gueule. Bon sang, j'étais un âne doublé d'un trouillard. Émile s'est rangé sur le bas-côté. Il a baissé sa vitre, impassible et marmoréen comme les palais de justice staliniens. Le milicien a déclaré :

— *Dokumenty,* s'il vous plaît. Vous ne connaissez pas les limitations de vitesse ou bien quoi ?

J'ai éclaté de rire dans un immense soulagement. Ils n'en voulaient qu'à notre pédale d'accélération. Émile, hilare, souriait au flic incrédule et a fini par s'enhardir :

— Vous êtes encore en service ? Bientôt, c'est la vitesse des chars d'assaut que vous allez contrôler !

Décontenancé et stupéfait, l'agent a laissé passer un instant et n'a trouvé à répondre qu'un cynique :

— Jusque-là, il y a toujours plus de morts sur la route qu'à la guerre !

Émile lui a glissé un billet de banque et fait rugir la Volga sous son nez. On a roulé ensuite en silence, avec un quelque chose sur la conscience.

L'aviation ukrainienne s'acharnait en rase-mottes sur la colline d'où avait surgi le missile. Des Sukhoï et des MiG-29 tournoyaient comme un orage dans une vallée encaissée. Ils revenaient s'acharner par d'amples virages sur le monticule qui devait s'être transformé en tertre funéraire pour les séparatistes, le Transnistrien et le Serbe. Et puis soudain, d'un terril de mine voisin, j'ai vu une lueur suivie d'une traînée s'élever dans l'azur et frapper un zinc qui a aussitôt battu de l'aile et piqué du nez vers le sol du Donbass.

— Mon Dieu ! s'est exclamé Émile en lâchant le volant pour exécuter le signe de croix à trois doigts et en freinant afin de contempler le crash.

Le MiG a plongé quelque part dans la steppe, il a creusé un petit cratère et une colonne noire a immédiatement jailli de la terre morne. Le pilote s'était éjecté. Il descendait, en haut du tableau, auréolé de son parachute immaculé.

— Lui, au moins, s'est catapulté dans les airs, a lâché Émile.

La veille, un pilote était mort au hangar. Il avait actionné par mégarde le siège éjectable. On l'avait retrouvé encastré dans la tôle du toit. Toute l'armée ukrainienne se remettait en marche dans la douleur. Elle vivotait à l'abandon depuis un quart de siècle. Les engins rouillés toussotaient, les mécaniciens réparaient à tour de bras. Quelques explosions accidentelles avaient fait plus de victimes que les combats. Vingt ans que les Présidents successifs n'avaient rien fait que vivre sur la bête aujourd'hui dénigrée : l'URSS. Les capacités de défense étaient annihilées par la corrosion des blindages et la pourriture des ministres.

— Au moins la guerre civile n'aura pas lieu à coups d'ogives nucléaires, a allégué Émile.

Le brouhaha s'était tu. L'armée de l'air avait fait marche arrière. Ses oiseaux à réaction s'écrasaient comme des mouches. Un silence pesait, qu'a rompu Émile :

— Vladlen, à ton avis, ça commence à partir de quel moment une guerre ?

— Quand les frontières deviennent des passoires, Émile. Ces missiles-là ne viennent pas des caves des vétérans, ni des anciens de l'Afghanistan.

Il n'y avait plus de doute permis. Moscou avait cessé de tergiverser et livrait de vieux stocks d'armement. Émile semblait fort bien s'accommoder de cette idée.

— Pars en Sibérie, Émile, puisque tu n'aimes pas l'Ukraine. Moscou accueille les réfugiés à bras ouverts, c'est le moment !

— Ce n'est pas ce que je fais, Vlad ? Est-ce que je n'ai pas annoncé d'emblée que je filais à l'Est ? C'est pour toi que je m'attarde, pour sauver ta peau et tes amours ! Misère ! Risquer tant pour une fille de plus...

Je n'ai rien rétorqué. Je commençais à douter qu'il soit si pressé. La vérité c'est qu'il était habité d'un sentiment d'allégeance. Il était russe, que ce soit l'Union de Staline, l'empire des tsars ou celui de Poutine. Et qu'importait la géographie politique. Il faisait preuve de la mauvaise foi la plus entêtée, la plus insolente. J'ai voulu insister et puis je me suis résigné. Il était mon ami. Des familles entières se déchiraient à cause de ce maudit conflit. Les propagandes respectives dressaient les babouchkas contre les petits-enfants, les oncles contre les nièces, hérissaient les amants même. De part et d'autre de la frontière, on évitait désormais d'évoquer un sujet devenu tabou. Je lui ai dit qu'il ne fallait pas nous chicaner. J'ai plaisanté sur les Kiéviennes appelées à ne plus s'offrir aux mâles moscovites. Voilà à quoi cela menait toutes ces disputes fratricides !

— Même les prostituées ? a ricané Émile.

Il était d'humeur impériale. Dans notre fâcherie et nos fulminations solitaires, nous avions stoppé machinalement à la barrière d'un passage à niveau. Un convoi de charbon se traînait lourdement devant le capot, tirant ses wagons d'anthracite.

— Le dernier train, ai-je dit sentencieusement.

Émile a enfoncé l'accélérateur pour se glisser sous la barrière à peine levée. Le crépuscule balayait la steppe de ses rayons ras qui fouillaient les sous-bois des futaies. Nous espérions arriver le soir même chez l'ex-compagnon d'armes d'Émile.

Fado pour le Donbass

Une pluie diluvienne lavait un ciel de cirage. Les fracassants orages de l'été continental en imposaient plus que les combats. Des fourches d'éclairs électrisaient les soirées et zébraient les ténèbres. Nous sommes parvenus tard et sous des trombes d'eau dans un village privé d'électricité. Un chien a traversé le faisceau des phares, strié de gouttes, et Émile, étrangement, a reconnu le clébard du copain avec lequel il avait fait l'Armée rouge. C'est comme cela que nous avons trouvé la maison, car il faisait noir comme dans une galerie d'anthracite. Une maison cossue en brique que son propriétaire avait retapée à neuf. Une véranda sur laquelle tambourinait la pluie avant de ruisseler vers la terre trop sèche. Le chien, qui semblait bien connaître l'odeur d'Émile, nous a rejoints là dans un glapissement étouffé et heureux. La porte s'est ouverte et nous avons été invités à nous engouffrer à l'intérieur, on ne se salue pas au travers des seuils, c'est contraire à la superstition. Nous nous sommes réfugiés dans la cuisine après avoir laissé nos souliers à l'entrée. L'ancien d'Afghanistan nous a installés confortablement autour d'un poêle décoré de faïences.

Il parlait avec ce charmant accent local qui avalait les *g*. Cela adoucissait considérablement la langue russe, tantôt mélodique, tantôt très grossière. Il nous a dressé le tableau de la situation dans le secteur. Les rebelles s'étaient amenés par les champs sur des tanks antédiluviens, ils avaient labouré la terre à coups de chenilles et « Il ne reste plus qu'à ensemencer », répétait-il en s'esclaffant. Il a été décidé de siroter quelque chose et la théière s'est mise à siffler comme un train. Notre hôte n'avait pas peur des séparatistes. Il était des leurs. Au rythme des lampées de thé, il a raconté.

— J'ai fait Maïdan, dans les forces de l'ordre. Commandant d'une unité. On était montés du Donbass par bus entiers... On s'est retrouvés en première ligne...

— Saloperie de révolution ! a dit clairement Émile pour la première fois.

— Un coup d'État, Émile, un coup d'État... Ils ont assassiné plusieurs de nos hommes, ils ont envahi les ministères... Ce sont eux, les séparatistes ! Ils détestent le Donbass ! Cela les arrange bien au fond que la Crimée et l'Est quittent l'Ukraine !

Je ne mouftais pas. Je savourais mon thé noir en me repassant ces images qui avaient tourné sur toutes les télévisions du monde en février. Les émeutes enflant sur Maïdan Nezalezhnosti, la place de l'Indépendance. Le drapeau national flottant au vent des grands soirs qui peinait à disperser les fumées noires. Les étendards jaune et bleu coloraient le triste hiver de neige sale et les austères façades. Le changement, la liberté, la justice, tous les mots galvaudés du romantisme politique étaient hurlés dans l'air sec et froid. Un magma humain considérable submergeait l'avenue Khreschatyk, exigeant de troquer l'(ex-)Union soviétique pour l'européenne. Et l'Occident flatté, de s'offusquer du moindre policier.

Notre hôte a repris :

— À Maïdan ils se sont insurgés et, nous, nous n'aurions pas le droit ? Deux de mes hommes ont brûlé vifs, comme cela – et il a fourré une bûche dans le poêle. Ils se débattaient dans leurs armures de plastique… On n'a pas pu les sauver… Qu'est-ce qu'ils en disent de cela, les « héros » de la révolution ? Eux, ils faisaient la danse des vainqueurs devant les caméras du monde entier. Ils nous ont fait mettre à genoux en nous crachant dessus. Les salauds. Les nationalistes armés jusqu'aux dents ne songeaient qu'à en découdre jusqu'au sang… Satané pays ! Leurs morts, ils les ont baptisés « la centaine céleste », rien que ça ! Et nous, nous n'avons pas notre place au ciel ?

Dans ses yeux, l'ironie alternait avec la colère. Il a poursuivi en grimaçant à cause du thé amer :

— Après le coup d'État, mon unité a été renvoyée au Donbass… Et qu'est-ce que vous pensez ? Tous mes hommes ont épousé la cause séparatiste… Quel autre choix ont-ils ? Servir ces chiens de nationalistes ? L'Ukraine, c'est eux ! Nous, nous sommes bons pour le charbon et la fermer… Puisqu'ils nous considéreront toujours comme une colonne de Moscou, officialisons la chose ! Le Président était un pourri ? Au moins, il défendait nos régions ! Et qui nous garantit qu'eux ne voleront pas ?

L'Afghan – ainsi que l'on qualifiait les vétérans

du Pamir – s'est levé, il est allé farfouiller derrière le poêle et il est revenu en brandissant un drapeau communiste écarlate.

— Ils veulent des révolutions de couleur ? Je vais leur en donner, moi, une révolution cramoisie ! Ils m'emmerdent avec leurs tulipes et leurs putschs botaniques… On connaît la chanson ! Les sirènes de l'Occident se terminent irrémédiablement en queue de poisson… Vive le Donbass russe !

Je suppose que nous aurions dû nous lever à cet instant et reprendre à sa suite « Vive le Donbass russe ! », mais Émile lui-même n'a pas remué le petit orteil. Le silence est retombé. Nous entendions les gouttes bombarder le toit. Je n'avais rien à ajouter. Le Président honni avait été chassé dans les derniers jours de février. La rumeur l'avait donné à Kharkov, des coups de feu avaient été tirés à l'aéroport de Donetsk. On avait ensuite appris que Poutine l'avait extradé depuis la Crimée. L'itinéraire de cette fuite éperdue en disait long. L'est et le sud de l'Ukraine n'avaient pas fait la révolution. Ils y avaient cherché refuge.

— Comment peut-on ignorer le silence éloquent de la moitié de l'Ukraine et se proclamer légitimes aussi sûrement ? Maïdan, je vais vous dire… Maïdan, c'était trop beau pour être vrai.

Quant à Émile, il semblait avoir décroché totalement du monologue. Ces débats étaient par trop récurrents, chacun en était las. On ressassait. Les discussions s'étalaient sur des soirées entières. Émile gardait un regard saturnien, fixant le poêle avec insistance, un poêle élégant, à l'ancienne. Notre hôte jouissait sans doute de quelques revenus officieux dus à ses fonctions policières. Les bakchichs palliaient les salaires minables des fonctionnaires. Il s'était aménagé un antre coquet. Des poêles de cet acabit, on en faisait plus depuis les tsarines et Pouchkine. On a fini par demander à Émile ce qui lui prenait de contempler les carreaux peints et les motifs cobalt figurant des pétales et des rossignols.

Il a eu comme une larme. Une larme de tristesse, sans sanglot. Une larme sereine qui a rendu son regard trouble et brillant. Il a commencé à nous conter Lisbonne et les azulejos du Portugal, sur les façades blanc et bleu, devant la mer de paille. Ces faïences lui rappelaient soudain les fresques coloniales, Vasco de Gama, les angelots et les conquistadores sur les maisons, les églises et jusque dans le métro. Nous restions cois. C'était toute une foule de souvenirs qui lui remuaient les entrailles devant ce poêle. Ému, il évoquait pêle-mêle les collines de Lisbonne, les fados d'Alfama, les soirées sur les bords du Tage et les ruelles où il avait gagné un bout de sa vie avec Zlata. On s'est tus à défaut d'avoir à redire. C'est vrai qu'ils étaient salvateurs, ces lavis naïfs. Tout autour, ce n'était qu'un océan de laideur industrielle, de misère postcommuniste et de guerre sourde. Et là, trois oiseaux bleus sur des branches alourdies de fruits, pareils aux azulejos de Lisbonne. Nous les avons contemplés avec intensité et leur propriétaire semblait seulement les remarquer. Le camarade d'Afghanistan a plaisanté bêtement :

— Allons, Émile, ne sois pas triste ! Un bon vieux poêle contre les coupures de gaz !

Émile a répliqué sans broncher :

— La beauté, c'est toujours triste.

L'autre a froncé les sourcils. Moi, j'ai compris

ce qu'il voulait dire. La beauté, elle remue sous le nombril, elle prend au ventre. C'est bien trop profond pour être joyeux. La gaieté n'est jamais que légèreté et insouciance, tandis que la beauté ! Elle est d'une gravité austère. C'est pour cela qu'Émile était mon ami. L'art lui fouillait les tripes. On a fini par préparer les divans et les matelas pour la nuit. Émile avait foudroyé la soirée avec ses azulejos et ses flots céruléens. Ces évocations-là sont comme des bulles. On plane, on voit Lisbonne, on déambule dans des parcs exotiques, ombragés de palmes dures et coupantes. Et puis quelqu'un crève la cloque de savon aux reflets multicolores. L'assemblée retombe dans la steppe maussade lavée de pluies diluviennes. Et sans la guerre ce n'était déjà pas le nirvana, mais avec, ça frisait l'opprobre divin.

L'amour qui passe

La nuit fut tiède et ponctuée de piqûres de moustiques. Nous nous trouvions à notre aise dans les dépendances du camarade d'Émile. Elles ressemblaient à ces datchas modestes auxquelles les propriétaires, au fil des années et de leur bonne fortune, ont rajouté des étages et dont ils ont augmenté la circonférence par des pièces supplémentaires, qui sont d'abord des sortes de débarras non chauffés avant d'être pleinement intégrées au corpus de ce qui prend la forme d'une véritable demeure. À la manière dont on dénombre les cernes concentriques de la souche d'un chêne, on peut souvent estimer, dans ces aménagements successifs, les succès et les revers d'un homme d'affaires ou les étapes clés de la carrière d'un fonctionnaire. L'Afghan relevait de cette dernière catégorie. Il avait sagement investi les commissions dues à son grade et les pots-de-vin que la largeur de son képi l'autorisait à percevoir en des murs, des tapis, un poêle en faïence de charme suppléant le chauffage communal, des tableaux de peintres locaux, et d'autres biens parfois curieux et inutiles mais qui donnaient corps aux multiples zéros des billets de banque dans lesquels il ne plaçait aucune confiance. Et qui lui aurait donné tort ? Du reste, son repaire n'avait rien du luxe ostentatoire des oligarchies du Donbass et se cantonnait à une bourgeoisie toute relative si l'on songeait au pavillon du moindre Européen. N'importe quel quidam ukrainien était capable de mener une telle expertise architecturale, de décortiquer les aléas d'une famille, aux raccords et aux excroissances de son foyer. À cela, il fallait ajouter encore cette déplorable vérité : chacun d'eux aurait agi de même en lieu et place de notre hôte.

Nous avons décidé de demeurer sur place le lendemain et de reposer notre ardeur. Rien ne pressait plus vraiment. La chaleur écrasait le Donbass de sa lourdeur. Le soleil réapparu était de plomb et d'acier. Après le déjeuner, j'ai couru me réfugier au fond du jardin sous un plafond de vigne vierge et de chèvrefeuille enchevêtrés à une tonnelle en fer fraîchement repeinte d'un blanc virginal. Au bout du tunnel printanier, j'ai écarquillé les yeux devant un stock de gilets pare-balles. Tout le monde courait alors après les gilets ou les casques. Les miliciens séparatistes avaient visité les armureries. Ils s'étaient servis au nom de la nouvelle république. Notre hôte devait en faire un commerce juteux mais je me fichais bien de toutes ces affaires. Je me suis étendu sur le monceau, sous la verdure qui dégringolait. J'ai inspiré très fort et composé ce numéro que je connaissais par cœur. Essénia a décroché.

— Essénia, où es-tu ? Je te rejoins, j'ai fui Donetsk, je te raconterai.

— J'ai su oui, il paraît qu'on ne t'avait jamais vu courir aussi vite !

Elle se moquait comme savent si cruellement le faire les jolies femmes. Puis elle a poussé son avantage avec dureté, implacable.

— Vladlen, tu es sûr de vouloir me retrouver ?

— Essénia, je te regarde depuis la première croche de la première portée de notre premier concert, ai-je tenté, suavement.

— C'est pour cela que tu as couché avec tout l'orchestre avant moi ?

Sur ce, je n'ai pas vraiment su que répliquer. L'objection était cinglante. J'avais eu quelques passades du côté du hautbois et des violoncelles. Un renard dans un poulailler n'aurait pas égorgé autant de poules. Tout l'orchestre en ricanait, avec, je crois, une part belle à l'envie. En mon absence, elle s'était sans doute mise à méditer sur le sujet. Les femmes, il faut parfois les poursuivre d'assiduités, pas tant pour éviter les oubliettes que pour les empêcher à tout prix de réfléchir. Peut-être en avait-elle appris de belles, sans doute lui avait-on rapporté des ragots plus ou moins vrais. Ou bien avait-elle simplement cogité et déchiffré des évidences.

— Essénia, tout reprend à zéro, les séparatistes rasent le passé, ai-je dit pour faire diversion.

— Alors occupe-toi de ta femme et de tes enfants au lieu de poursuivre tes amantes.

Et elle a raccroché comme on claque une porte au nez. J'ai pris un air contrit pour les oiseaux qui me regardaient en piaillant, les rides de mon front se sont creusées, j'ai rejeté la tête en arrière et levé le regard vers le plafond verdoyant de la tonnelle. Je faisais chou blanc sans ignorer que c'était un appel désespéré à l'action. Elle se contrefichait de mes déboires. Que ne m'étais-je pas débrouillé pour être à ses côtés dans cette débandade ? Je n'ai jamais vraiment cerné les femmes, mais l'expérience est meilleure conseillère que la raison. Elle est une mémoire factuelle qui ressurgit à propos lorsque des circonstances identiques se représentent. Ce mauvais pas, je le connaissais déjà. Le ton était sans équivoque, elle m'attendait quelque part. La sonnerie m'a ravi à mon désespoir. Il n'y a pas de hasard. Ma femme me cherchait.

— Alors, que fais-tu ? Trois semaines que tu t'es enfui ! Que va-t-on devenir ?

— Il y aura un Opéra dans la République populaire ! ai-je plaisanté. Je proposerai mes services !

— Vladlen, les séparatistes sont partout, l'armée de Kiev est aux portes du Donbass, il faut déguerpir. Les voisins ont déjà fait leur malle, ma cousine est dans un train, au travail, la moitié des collègues a donné sa démission...

Ma femme n'était pas d'humeur riante. J'ai raisonné très vite et j'ai décidé ceci :

— D'accord, voilà, tu prends notre garçon et vous filez chez tes parents à Dnieprodzerjinsk.

— Et toi ?

— Moi je suis avec Émile, tu te souviens ?

J'ai bafouillé une histoire sans queue ni tête pour justifier que je n'irais pas de suite à Dnieprodzerjinsk. J'ai rejoint le salon, où Émile rêvait sûrement au Portugal et aux négresses angolaises tout en maudissant la sienne, de femme. Ou plutôt c'est ce que je croyais. Mon irruption a provoqué une légère gêne. Émile et l'Afghan étaient absorbés par une discussion ponctuée de jurons et qui ne semblait pas traiter de leurs souvenirs du Pamir. Il y avait quelques liasses sur la table. Ils ont fait disparaître les billets subrepticement.

J'ai eu soudain le sentiment que nous n'étions pas là totalement par hasard. Émile réglait des comptes. Je n'y ai pas prêté attention plus que cela. Je pensais beaucoup à Essénia. Et puis des recrues sécessionnistes ont débarqué inopinément dans un crissement de pneus. Notre hôte leur a enjoint avec aménité de s'installer dans les coussins profonds. La compagnie s'est mise à négocier des gilets pare-balles. Je me demandais bien d'où venait le trésor de guerre de ces combattants mais l'Afghan s'imposait moins d'entraves, il se vengeait de la révolution par son trafic interlope. Tant qu'on se cantonne à des gilets, on ne peut avoir mauvaise conscience.

Les acquéreurs n'étaient pas agressifs et payaient rubis sur l'ongle. Nous étions de nouveau réunis autour du poêle en faïence époque Nouvelle Russie. L'Afghan a versé des infusions d'argousier. Pas une goutte d'alcool. Nous avons tous ouvert grand nos oreilles parce que les mercenaires se sont mis à raconter la prise éclair de la Crimée, sous la férule des cosaques qui avaient bouclé l'entrée de la péninsule. Les militaires de Moscou avaient débordé de leurs bases à Sébastopol pour encercler les casernes ukrainiennes, où les soldats n'avaient pas deux bottes identiques. L'unique sous-marin de Kiev était en panne et les officiers russophones se languissaient du Kremlin. Un à un les généraux, les colonels et les troufions avaient jeté l'éponge. Des bataillons entiers s'étaient rangés sous le tricolore russe. Les autres, penauds, avaient pris le chemin de l'Ukraine, dont les frontières avaient brutalement reculé jusqu'au continent.

J'ai murmuré à l'oreille d'Émile :

— L'Anschluss ! Ils vont faire la même ici !

— La réunification ! a chuchoté Émile.

Ensuite ça a parlé d'Afrique, d'Antonov, des avions-cargos à six réacteurs, bourrés d'armes, qui atterrissaient sur des pistes de poussière dans des clairières trouant la savane. Un des séparatistes avait fait partie d'équipages embarqués dans de sombres négoces. Un autre bossait dans une usine de tracteurs de Lougansk qui livrait au Congo ou à Cuba. Il réparait désormais les blindés déglingués qu'on assemblait sur les mêmes chaînes industrielles. Il avait troqué sa mécanique agricole pour un honnête tank. L'aviateur rêvait, lui, de créer une flotte de la République populaire. Ils se remémoraient tous les deux une sorte de liberté sauvage et brute qu'ils semblaient retrouver dans le combat contre Kiev. Les vols au-dessus des jungles et des fleuves de boue, les livraisons de T-34, les nuits moites, les bouges, les milices, les affaires, les bordels et les *negritianka* aux rondeurs impossibles. Tout ce que l'URSS avait pu proposer d'aventure et de romantisme à ses serviteurs lors de l'apogée. Son influence sur le monde, les pôles et jusqu'au cosmos. Peut-être comme en d'autres pays le temps des colonies. C'était tout cela qu'ils allaient défendre en même temps que leur Donbass, une épopée révolue, l'odyssée soviétique sur laquelle ils restaient crispés. Des souvenirs.

— Vous savez comment les filles annoncent leur passage dans les hôtels ? s'est souvenu le pilote. Elles font du porte-à-porte et elles susurrent en français : « C'est l'amooour qui passe. »

— C'est l'amour qui passe ! a répété l'autre avec un sourire béat et en hochant la tête.

C'était joli, il n'y avait rien à dire. Ça devait singulièrement enchanter le commerce glauque des corps ébène et rebondis. Au Congo-Kinshasa, les bordels étaient tenus par des matrones ukrainiennes. Elles avaient suivi des étudiants africains rencontrés dans les couloirs et les foyers universitaires des facs moscovites ou kiéviennes. Elles avaient adopté l'Angola ou l'Algérie, Cuba même, enchantées par le soleil, les palmiers et les torses glabres. Ces filles-là, qui couchaient ou se mariaient avec des étrangers, on les appelait alors des *inter-devotchka*, des « filles internationales ».

— On n'a plus que cela, des *inter-devotchka*, a repris notre hôte. Les Turcs débarquent pour des sex-tours. Ils visitent tous les lupanars d'Odessa. C'est la seule industrie florissante de ce pays, bordel !

Ce fut le mot de la fin, car ils secouaient tous leurs têtes en silence, songeant au néant de l'existence ou bien à de belles Africaines les enjambant comme des chats. Émile, cela l'avait replongé dans la *saudade* portugaise. Tout le monde fixait le poêle avec des regards perdus. Reconstituer un passé enfui, était-ce bien raisonnable ? Il y avait deux jeunes. Ceux-là buvaient les paroles de leurs aînés. On comprenait aisément les anciens. Cette guerre était leur baroud d'honneur, leur protestation ultime contre la dislocation de l'URSS. Mais les autres ? À quoi croyaient-ils que mènerait la proclamation d'une république populaire au XXIe siècle ? Moscou oserait-il refaire le coup de la Crimée pour les sauver ? Puis les gars sont partis et j'ai demandé ingénument à notre hôte d'où provenaient les gilets pare-balles.

— De la police, Vladlen, de la police, en voilà une question stupide !

Les soirées du hameau

Quelques jours plus tard nous sommes repartis et c'était comme dans un songe. L'été colorait la steppe rase tel un enfant son cahier à dessin. La brume se dissipait au-dessus des puits de mines, des terrils et des fleurs éclairant les champs sauvages. La chaussée couturée çà et là de carrés d'asphalte secouait doucement. Émile était au volant de la Volga et je souriais au ciel écumé de nuages.

L'Afghan avait décidé de nous mettre au vert dans une datcha d'un hameau voisin. Nous nous y languirions et nous y ferions définitivement oublier. De toute manière Essénia restait muette et la situation dégénérait dans son secteur, à Snejnoïe. Émile préférait patienter. La rumeur des steppes rapportait des manœuvres militaires titanesques du côté russe de la frontière. Je scrutais souvent le ciel estival pour vérifier qu'une nuée de parachutistes ne pointillaient pas l'azur. À l'ouest de l'Ukraine, des bataillons de volontaires hétéroclites se formaient à la hâte autour de chefs un peu timbrés. Ils faisaient route vers le Donbass pour casser du « sépar », ainsi qu'ils nommaient affectueusement les sécessionnistes. On lisait l'histoire et la géographie à travers les noms dont ils baptisaient leurs troupes nationalistes : Kievskaya Rus, Azov, Sitch...

L'Afghan nous avait dit de suivre la direction du hameau de Malinovka. Nous avons roulé par des travées de moins en moins goudronnées et de plus en plus tortueuses. Cela me rassurait de savoir que nous nous enfoncions dans la steppe. Le bitume granuleux bombardait la Volga de projectiles. Toutes les lignes au sol avaient disparu, les doubles, les pointillées, les continues. Et puis soudain, sans prévenir, la route s'est évasée comme l'embouchure d'un fleuve. Un delta même, dessiné par des ornières et des sillons. Pas un panneau de signalisation mais des voies pareilles à la nôtre qui s'évanouissaient chacune dans une direction anonyme, de leurs rubans d'asphalte rongés, ondulés et difformes. Le soleil planait au zénith, d'aucun secours dans le dilemme est-ouest. Émile ralentit et se déporta afin de prendre de face une série de vagues, de creux et de bosses. Nous tapâmes le châssis de la Volga sur une crête, enfonçant les amortisseurs. Émile jurait contre les services de voirie et toute la fripouille politique. Il mit la Volga au point mort et elle poursuivit en roue libre, au son du crissement des pneumatiques sur le gravier pour s'immobiliser au beau milieu de ce carrefour muet qui offrait trois issues fusant sans un mot vers des horizons flous. Le front et les yeux plissés, Émile scrutait ces lignes de fuite sous un ciel pommelé, écrasées par un soleil de plomb.

— Dis, Vladlen, tu prendrais par où, toi ?

— Eh bien, demande au vieux, là-bas à gauche, il a forcément une idée sur le sujet.

Quelques grands arbustes ombrageaient les

angles morts. Une chaise était enracinée sous l'un d'eux. Sur un linge grossier étalé au sol, une bouteille de kvas – une boisson de céréales fermentées –, du pain et de la charcuterie. Le vieil homme s'est levé avec lenteur et s'est amené à petits pas vers la portière d'Émile, qui en abaissait la vitre en moulinant du bras. Le temps que le septuagénaire hirsute nous rejoigne, toutes les particules soulevées par les roues avaient décanté pour retomber sur le sol. Le nuage de poussière s'était dissipé. La Volga en était saupoudrée. Nous étions là depuis une éternité. L'homme arborait une barbe fournie. Il ne semblait nullement étonné de notre désarroi, a ôté son béret pour nous saluer, découvrant un crâne fendu par une cicatrice d'une quelconque guerre soviétique ou bien d'un bête accident mécanique. Il a appuyé ses mains ravinées sur le rebord de la fenêtre. Quelques phalanges avaient été amputées. Il a deviné poliment :

— Vous cherchez quelle direction, jeunes gens ?

— Malinovka, grand-père, auriez-vous un indice par hasard ?

— Bien, je vais vous montrer…, a-t-il opiné – et il ne montrait rien du tout.

— C'est très aimable, a meublé Émile – les mains du vieux restaient posées sur la portière.

— Merci…, l'ai-je encouragé en souriant.

— « Merci », cela ne vaut rien, a reproché le grand-père. Contre des mercis, on ne me donne rien au magasin. Les mercis, ça ne nourrit pas son homme, tout le monde me donne du « Merci ». Ça ne coûte rien à personne.

— Pardon, s'est rattrapé Émile.

— « Pardon », c'est tout du même acabit, s'est entêté le vieillard. Ça n'étanche pas la soif.

J'ai fouillé mes poches, trouvé un billet froissé de vingt grivnas et l'ai passé à Émile, qui l'a lissé pour le glisser entre deux des doigts crevassés du paysan. L'homme a remercié avec une morgue sarcastique.

— Merci, a-t-il insisté avant de déplier son bras vers l'embranchement idoine.

Émile a remonté sa vitre et engagé la première vitesse pendant que le vieux regagnait sa chaise et son arbre afin d'attendre le prochain véhicule. C'était le métier qu'il s'était inventé pour survivre sur ses vieux jours. L'État laissait des vides partout, les miséreux les comblaient, la sécession les exploitait.

— Même les panneaux, ils ne savent pas faire, nos forbans de politiques, a grogné Émile. Ils s'en mettent plein les poches. Salauds. Je parie qu'eux-mêmes se perdent à tous les carrefours. Les ânes !

*

Au hameau, c'était la Petite Russie bucolique telle que décrite dans Gogol et peinte par Repine. Point d'isbas, mais des *khatas*, des maisons aux murs blancs de chaux et coiffées de toits de chaume. Du moins c'est ainsi qu'elles auraient dû être. La méchante tôle ondulée avait remplacé la paille et sacrifié aux temps presque modernes. C'était le début de l'été. Dans les potagers, les haricots, les betteraves, le pavot, l'aneth se doraient au soleil sous la girouette des tournesols. Au fond des jardins mûrissaient les cassis et les framboises. Ça sentait bon la cambrousse et la quiétude.

Les paysans truculents s'exprimaient en *surjik*, un créole puisant autant dans la langue de

Pouchkine que dans celle de Taras Shevchenko. *Surjik*, c'était le nom donné au pain issu de diverses farines et céréales. Le *surjik*, c'était l'Ukraine chantée, un imbroglio d'Oural et de Carpates, une langue sans grammaire ni dictionnaire pour un pays aux lisières imparfaites. L'Afghan nous avait confié les clés d'une maisonnée blanchâtre et cerclée de fleurs à foison. La vie coulait plus douce que jamais avec toutefois cette blessure au cœur de ne pas avoir nos bien-aimées à nos côtés.

Chaque fois, je répétais à Émile :

— Maintenant dis-moi ! Pourquoi les villages ukrainiens sont-ils chaque fois mieux tenus que ceux des Russes ? C'est très sérieux ! Qu'est-ce qu'il y a de plus dans le ciboulot et l'inconscient des Slaves de l'Ouest qui leur fait garder des jardins propres, des maisons présentables et des rues potables ? Non, mais dis-moi, Émile, si on extrapole ? Hein ? Est-ce que cela ne signifie pas quelque chose, au moins, disons, un état d'esprit, voire un degré de civilisation ?

— Cela veut dire que les Ukrainiens sont des paysans, un point c'est tout. L'industrie lourde, les mines, la sidérurgie, le progrès, tout est sorti de terre grâce aux Soviets. De quoi tu parles ! Ce sont des hommes de la terre, voilà tout.

Nous humions le parfum de la campagne, les effluves des steppes, contemplions les ondulations molles. Dans le petit val, le ruisseau s'était réveillé depuis le printemps. Quelques arbres y puisaient leur sève, composant un bouquet de branches le long de l'eau, trahissant le thalweg. Parallèlement, une piste chaotique fuyait le hameau, se perdant en dizaines d'ornières imperceptibles. Aucune route digne de ce nom ne reliait le village au reste du Donbass. Cette idée nous reposait divinement. Nous passions des soirs d'été exquis, nous attardant autour d'un verre de kvas, docilement accablés de chaleur. Parfois nous étions conviés chez les voisins, de braves gens qui cultivaient leur jardin. La babouchka nous gavait de galettes de pomme de terre, de raviolis aux cerises, de lard. Ils détenaient la mémoire des champs, aux confins du Donbass et des contrées plus fertiles gavées de tchernozem. Le vieux répétait sans cesse :

— Ekh ! voilà que ça recommence ! Moscou et ses tyrans ! Ils n'ont pas eu assez de l'Holodomor. Et pour cela aussi, ils ne se sont jamais excusés !

L'Holodomor, c'était la famine du début des années 1930. Le vieil homme édenté, pacifié par soixante-dix ans d'existence, aux yeux bleus comme l'azur, en parlait avec tristesse et rancune. C'était le début de l'URSS, les récoltes étaient mauvaises, toute la jeune Union avait le ventre creux. Les bêtes crevaient, les troupeaux étaient décimés, la farine valait de l'or. Staline en avait profité pour mater les koulaks ukrainiens, ces fermiers qui refusaient encore la collectivisation, les aberrations des sovkhozes et les absurdités des kolkhozes. Le « petit père des peuples » avait fait réquisitionner les maigres récoltes. Les entrepôts étaient gardés par des miradors. Torturés par la faim, les paysans se traînaient vers les villes, où on les refoulait. Ceux qui expiraient sur les pavés étaient dépecés la nuit par des bouchers qui vendaient des pirojki fourrés au foie humain au petit matin. Les cadavres de leurs enfants jonchaient les rues de poussière. Le typhus faisait rage. La révolution ouvrière s'acharnait sur les terriens. Les années Staline avaient débuté dans le sang séché au soleil des étés continentaux et les survivants furent envoyés dans les mines de charbon du Donbass. La terre qu'ils avaient cultivée les engloutissait dans ses entrailles de houille où, piètres mineurs, ils étaient aussitôt accusés de sabotage.

— En comparaison, Lénine, c'était le paradis, concédait le vieux en admirant sa parcelle de blé. C'est grâce à lui que l'Ukraine est apparue sur les cartes, fût-elle socialiste et soviétique, l'essentiel était là, il avait reconnu l'Ukraine, il lui avait donné des frontières ! Vous comprenez ? Même l'ukrainien avait été autorisé ! Les révolutionnaires ont tort de s'attaquer à ses statues... C'est Staline qui a voulu notre peau. Ce Géorgien de malheur...

Lui n'était pas né. Ses parents avaient survécu par miracle en se sustentant de racines. Ils leur avaient raconté à lui et ses frères à voix basse, avec des pleurs, des sanglots et des réminiscences épouvantables. À côté, sa femme au visage ridé comme un lac sous la brise soupirait sans arrêt. Elle nous resservait un thé très noir comme pour s'excuser de son silence. Toutes ses tentatives pour construire une phrase avortaient dans un éloquent geste du bras qui en disait plus que ses mots. L'impuissance, la difficulté d'exprimer ce dont sa vie avait été témoin. Les nazis, la chute de l'Union... Le dégoût de constater que les calamités revenaient au galop. Une fois seulement elle est parvenue à formuler clairement :

— Hier, au bourg voisin, une femme a eu sa ferme brûlée par les séparatistes pour avoir offert de l'eau à des soldats de la garde nationale. Ils reviennent, je vous dis, les barbares de Sibérie, les Moskaly, les *bilcheviki* ! Est-ce qu'on ne pourrait pas vivre en paix désormais ? Et qu'est-ce qui leur a pris aussi à ces démons de l'Ouest d'entreprendre une énième révolution ?

Les villageois se souvenaient de la légende de Makhno avec des soupirs heureux. Makhno avait été un anarchiste paysan audacieux. Il s'était brièvement taillé un bout de territoire entre le baron blanc Wrangel et le nationaliste ukrainien Petlioura à la révolution rouge. Dans le maelström de la guerre civile, par les campagnes couvertes de neige, à travers les villages hagards, affamés et déchaînés, *batko*, le « petit père des paysans », avait conduit ses braves moujiks armés de fourches ou de fusils à d'éphémères victoires. Ses cavaliers s'étaient jetés à bride abattue dans la mêlée et la mitraille en criant des hourras. Les communistes s'étaient servis de lui puis l'avaient poussé à l'exil, en France. Il n'en restait qu'un mythe associé à une époque de tumulte et de clameurs, un chef qui avait été aux campagnes ce que Lénine fut aux usines, le petit père des ouvriers des champs.

Et c'est toute cette lointaine époque qui semblait ressurgir dans les altercations, les débats, les colères et les aigreurs. Aussi abracadabrant que cela paraissait, 1917 n'avait jamais été aussi présent. Chacun en appelait à ces années clés de l'histoire des Slaves. Les séparatistes se nommaient eux-mêmes *opolchentsy*, les « miliciens populaires », à l'image des bolcheviques. Ce vocabulaire choisi rappelait furieusement la guerre civile, la première et brève indépendance de l'Ukraine, à la faveur de la défaite du tsarisme, près d'un siècle auparavant. *La Garde blanche* de l'écrivain Boulgakov semblait avoir été écrite le mois précédent. La foisonnante épopée des hommes n'est pas étalée également sur la ligne du temps. Elle connaît des chapitres où les événements s'amassent jusqu'à l'écœurement, où les douleurs aiguës connaissent des échos, des séquelles et des haines qui tancent l'âme des décennies plus tard. Artiom, le héros soviétique du Donbass, avait toujours une statue magistrale à son effigie non loin de là, sur une colline de craie au-dessus d'un monastère.

— Vous savez où il est enterré, ce saligaud, hein ? demandait le vieux sans attendre de réponse. Sous la place Rouge ! C'était un copain de Kirov et de Staline. Les Russes ne nous laisseront jamais en paix. Vous verrez ! Ils vont nous refaire le coup du communisme de guerre !

Pour faire abstraction des affres du conflit qui montait chaque jour en puissance, je menais de longues excursions par la steppe. Je me promenais aux heures les moins chaudes, à la faveur des aurores ou dans la lumière des couchants. Sur une vague hauteur voisine se dressaient des « femmes de pierre ». C'étaient des pétroglyphes monolithiques plantés de travers dans les hautes tiges qui valsaient au vent. Cela datait des Trypilliens, des Cimmériens, des Petchenègues, des Polovtsy et d'autres tribus déboulées du fin fond de l'Eurasie. Je venais m'asseoir sur une grosse pierre. J'imaginais les archers et les cavaliers. « Sarmate », j'avais longtemps cru qu'il s'agissait seulement du nom de notre bière locale. On distinguait encore le relief d'un kourgane, ces tumulus funéraires indo-européens recelant l'or des Scythes. Avant que ne poussent les terrils de mines, les kourganes étaient les seuls reliefs de ces steppes que les Grecs nommaient « Méotide ».

Parmi les fleurs rustiques, les granits affleurants et les herbes couchées, je me représentais les cosaques zaporogues et les Tatars sanguinaires. Avec Émile, nous avions été élevés entre des barres de béton, une usine de coton et un haut-fourneau qui crachait de la fonte en fusion. C'était la première fois que je considérais le Donbass autrement que comme une Ruhr soviétique. Ma terre natale avait connu la griserie des plaines, l'insoumission et la liberté. Les « champs sauvages » ! Une étendue aride qui n'était ni Russie ni Ukraine – le mot même d'Ukraine signifiait « confins » –, servant de refuge aux cosaques fuyant le joug des empires, aux bannis de toutes engeances, aux paysans sans terre.

Alors je foulais quotidiennement ces prairies s'étalant à perte de vue où était perdu le hameau. Sans doute avions-nous occulté, à force de ne songer qu'au charbon, la surface de cette terre avare mais point sans beauté. La végétation rase me chatouillait. Je flânais, laissant les maisons disparaître derrière un bosquet tandis que les longues ailes d'un rapace masquaient le soleil. Dans la clarté vespérale, je me livrais à la mélancolie des espaces infinis en humant la brise parfumée.

Le printemps du Donbass

Dans les steppes, juché sur les éminences, je déroulais le fil du printemps qui venait de s'envoler. Tout avait commencé après cette maudite révolution dont je m'étais fichu comme de ma dernière chemise d'orchestre. Qu'y avait-il de nouveau là-dedans ? La démocratie corrompue de l'Ukraine était régulièrement secouée de spasmes. Une résurgence des doutes existentiels de la nation. Et ensuite ? Les convulsions avaient-elles jamais changé la donne ? Je ne couvais aucune espèce d'espoir pour mon pays. Je me préoccupais alors plutôt de corriger la trajectoire de mon destin engagé sur une voie de garage. Mes pensées étaient monopolisées par un chambardement ô combien plus vital que les luttes de partis. J'étais épris d'un être insaisissable répondant au doux prénom d'Essénia.

Elle me rejoignait chaque soir sur le boulevard Pouchkine, dans une de ces robes qu'elle confectionnait elle-même. C'était la plupart du temps des créations longues tombant parfaitement sur le bout de ses pieds aux ongles vernis. Je la voyais cheminer dans l'allée blanchie de pollens, radieuse, comblée par sa propre beauté, les bras déjà nus malgré la fraîcheur persistante, impatiente de promener sa collection d'été. Je m'empressais autour d'elle, dans mes vestes de velours, embarrassé de son sac et lui tendant sans cesse la main pour l'aider à franchir des trottoirs insignifiants. Ensuite nous avisions un banc, légèrement à l'écart, dissimulé par les feuillages naissants. Nous conversions aimablement jusqu'à cette impasse :

— Essénia, comment se fait-il qu'une aussi jolie violoniste soit encore à marier ? Je comprends évidemment l'exigence d'un tel instrument mais...

— Et toi, Vladlen...

Vladlen. Quand on sait qu'on peut être baptisé Vladimir Lénine dans la ferveur d'une jeunesse communiste parentale, on a moins de contrariété à s'être marié à la légère. La vie aime les folies indélébiles. On ne peut rien effacer, il ne reste plus qu'à barbouiller par-dessus à l'aide de couleurs de plus en plus sombres. Je répliquais sans vergogne :

— Je le suis... Disons, à nouveau...

— Tu mens ! Joliment, mais tu mens. Tu as une femme, un fils. Tu joues les jolis cœurs malgré ton alliance à la main droite. Est-ce bien raisonnable ?

Toutes les promenades s'achevaient inévitablement sur cette ritournelle, comme un rituel. Essénia était de ces filles qui prenaient plus de plaisir à une cour assidue qu'à son issue, préférant badiner qu'abdiquer. Chaque baiser était le fruit d'un sacerdoce. Elle se complaisait à démontrer que nous n'allions nulle part, pointant sans relâche les failles béantes de ma situation. La gent féminine de chez nous a dans l'idée qu'un homme doit faire montre de son émoi, non seulement en mots mais en actes. Il s'agit certes de bouquets, de présents, mais aussi et surtout de patience, de présence, d'une épaule sur laquelle compter à tout moment. C'est de cette dernière que s'éprennent les fiancées, pas de votre allure, aussi éclatante soit-elle. Essénia cherchait à tester mes intentions, mes sentiments, et jauger à quelles extrémités leur profondeur pouvait me conduire. Il fallait donner des gages. Quelques semaines de rendez-vous galants au bas mot.

C'est là que la révolution et la sécession m'ont rattrapé. Car les manifestations se multipliaient à Donetsk. La ville était trop prospère pour jouer les rebelles, mais ce n'était pas le cas des corons et des cités ouvrières de la région. On y recrutait pour quelques kopecks des manifestants de tout poil. Une main invisible qu'on disait moscovite les envoyait trotter de la place Lénine au siège du gouverneur. La germination du séparatisme s'épanouissait au soleil printanier. Je pressais Essénia de mille invitations, je lui promettais des échappées loin des noirceurs du Donbass tant qu'il en était encore temps. Elle penchait sa tête légèrement oblongue ou haussait l'une de ses fines épaules en baissant le front. Elle ignorait les mots « oui » ou « non », consentait des « peut-être » du bout des lèvres. Elle objectait par des pressions de ses faux ongles dans la chair de mon bras. Son langage n'obéissait qu'à ses humeurs et son indécision. Elle remportait toutes les batailles et je me rendais chaque fois sur-le-champ, anéanti.

Depuis quelques années, l'hiver s'éternisait. Le froid mordait sur la saison des bourgeons. Le Nouvel An passait fadement, sans neiges. Elles s'abattaient plus tard et traînaient jusqu'en mars et même avril. Des tempêtes déferlèrent sur le Donbass, entrecoupées de fontes ruisselantes et de soleils trompeurs. Un silence feutré s'empara encore des boulevards quelques soirs. Mais les jours s'agitaient de plus en plus fréquemment d'une mauvaise rumeur. Les cortèges se mirent à parader plus souvent dans la rue Artiom. Nous roucoulions, commentant avec trop de désinvolture l'actualité. L'accoutrement des premiers séparatistes prêtait à glousser. Je me souviens d'un homme vêtu d'une cotte de mailles de chevalier qu'il avait sans doute pillée dans les décors de notre Opéra. On se disait que toute cette véhémente récréation serait balayée. Les rangs étaient clairsemés.

Car sous les frondaisons d'un vert frais et tendre déambulaient encore des mères poussant des landaus. Des adeptes de Krishna, en sandales et saris, répétaient leurs mantras comme des bienheureux qui n'avaient jamais vu l'Inde et tous ses dieux. Les brigades de jardinières imperturbables repiquaient des milliers de plants près des terrasses où des guérilleros sirotaient des liqueurs. Donetsk était surnommé « la ville au million de roses » depuis les temps soviétiques. Les pétales pourpres étaient alors censés compenser le paysage noirâtre des sidérurgies et des cokeries. Elles étaient plantées chaque printemps en contraste avec les fumées des usines. Les plates-bandes se couvraient de fleurs pour mettre un peu de baume au cœur.

Un soir, Essénia avait chipé une photo sépia de ma mère dans la poche de ma veste. Je l'y avais glissée à dessein pour mieux m'en étonner lorsqu'elle l'avait trouvée. Cela datait sans doute de l'été dernier. Je mettais cette veste pour la première fois cette année. C'est ainsi que j'avais justifié cette trouvaille. Essénia semblait captivée par cette femme, posant dans l'embrasure d'une porte, sous l'auvent de sa modeste maison, dans le petit village grec de Bougas où elle avait élu domicile pour ses vieux jours. On y bredouillait encore quelques mots en langue de Tauride. Des restes de la politique des nationalités de Lénine. La révolution et le socialisme s'écrivaient alors en démotique cyrillique dans des journaux intitulés *Kollektivistis* ou *Bolsevikos*. Ma mère avait entendu mes grands-parents s'épancher en dialecte rumei à la maison, bien qu'ils ne le parlassent déjà plus en public par précaution. Leurs origines helléniques avaient valu à certains des déportations sous Staline. Essénia n'ignorait rien de ces colons antiques, pourtant mes racines semblaient éveiller chez elle cet exotisme si candide émoustillant parfois les jeunes filles.

Le lendemain, elle était venue au rendez-vous drapée dans une robe blanche et vaporeuse, le front ceint d'un diadème, ses longs cheveux rassemblés en une natte ébène. Elle m'avait demandé en minaudant si elle me plaisait ainsi, à la mode des déesses du Parthénon. Essénia était l'égale du ciel, traversée de caprices, d'orages, illuminée de gloires. Mes élans étaient douchés par des ondées, mon émoi réconforté par ses joues tièdes. Les giboulées de printemps. Nos étreintes me ramenaient aux plages de Crimée et à ces amours d'été contrariées par mon mariage juvénile. Plus récemment, j'avais eu nombre d'intrigues que je m'efforçais de taire. Mais cela ne semblait alors éveiller en Essénia qu'une curiosité dénuée de toute jalousie. Elle croyait en ma rédemption par sa grâce. Je suis certain que l'esprit d'Essénia lui aussi était traversé de réminiscences galantes convoquant les quais de Yalta. Des générations, dont la nôtre, associaient les flots de la mer Noire à l'enfance et au bonheur absolu des vacances.

Et puis, un jour de mars, la Crimée, qui n'avait pas non plus goûté la révolution, avait pris le large sous la houlette de soldats sans galons ni insignes. La côte d'Azur des Slaves avait hissé elle-même le drapeau russe sur ses plages. Kiev en était resté bouche bée. Essénia avait soupiré longuement avant de bouder et de rejeter ma main comme si j'en étais coupable. C'était une affaire réglée. Moscou avait disposé des têtes nucléaires sur les falaises de rochers. Poutine avait repris la péninsule parce qu'elle était le Graal méridional des tsars et l'espoir des prolétaires dans les pires galères. C'était une bataille de châteaux de sable. Il avait le peuple avec lui, les vieux communistes comme les vestiges de noblesse. Essénia avait alors prédit :

— Nous sommes la prochaine case du jeu d'échecs.

— La Russie ne peut pas vouloir du Donbass, un amas de derricks, de cheminées décaties, d'usines archaïques…

L'écrasante majorité des gens, déjà las, priaient pour la fin des giboulées, l'arrivée de l'été et les vacances en Crimée. On ne demandait rien à la vie dans l'est de l'Ukraine. On votait pour *svoï*, un des siens, un gars du coin, un tyran plus ou moins éclairé. L'inconscience nationale et l'inertie y étaient aussi lourdes que l'industrie. L'identité était amorphe, potentiellement aussi russe qu'ukrainienne. Le Kremlin devait enrager de tant d'atonie et d'indolence. L'armée des mineurs ne se levait pas.

En avril, il y eut de la neige mouillée, des grêlons, quelques flocons et de grands rais de soleil qui transperçaient les sombres nuées, comme saint Georges le dragon. Le ruban du patron des vétérans de la Seconde Guerre mondiale fleurissait aux vestons et aux treillis. Ce fut mai. Essénia s'était offerte et je la rejoignais chez elle aussi souvent que je le pouvais. Les événements se précipitaient. Je pressentais alors qu'il me faudrait trancher. Essénia menaçait de rester une de ces amours inachevées, dont le souvenir vous hante pour l'éternité.

Au pied de Lénine

Nous nous ennuyions sereinement au village en attendant je ne sais quoi. Un des ultimes soirs, nous avons célébré avec les gens du hameau Ivan Kupala, le solstice d'été. Ils avaient passé leurs *vyshyvankas*, ces chemises de lin aux cols brodés. Nous avons sauté gaiement au-dessus des flammes d'un grand brasier. Les filles du coin s'étaient couronnées de fleurs. Elles sont parties en riant cueillir sous la lune des fougères et des herbes magiques. Les femmes, dénudées, se sont baignées dans la rivière voisine à la lueur de l'univers. Des bougies flottaient sur les eaux. Nous n'avons bien évidemment rien pu admirer de ce tableau-là, par pudeur et à cause de la certitude que leurs robes et atours leur seyaient mieux que leur chair potelée. Nous nous sommes finalement tous roulés dans la rosée pour le folklore, et aussi par fatigue et ivresse. Tout le pays s'était mis à fêter cette Saint-Jean des Slaves. C'était le genre de rite païen remis au goût du jour pour s'affirmer ukrainiens. On vouait un culte romantique aux traditions paysannes. Idéologiquement, les koulaks prenaient leur revanche sur les métallurgistes, les campagnes se vengeaient des aciéries soviétiques. Le folklore accompagne immanquablement les renaissances. L'idolâtrie des fleurs des champs reprenait le pas sur celle de l'anthracite, la surface se vengeait du sous-sol.

Le lendemain, j'ai appelé ma femme depuis la cabine du village. Elle était parvenue à bon port avec notre fils. La moitié de la population de Donetsk saisissait alors l'opportunité de l'été pour ficher le camp. Juillet s'amenait. L'exil prenait des airs de vacances. Les Donbassiens emportaient leurs maillots de bain, leur huile de bronzage et leur serviette. Ils s'imaginaient que les hostilités auraient pour terme la fin août. On aviserait après les congés. Qui aurait cru alors, quand les premiers blindés apparurent dans les travées des forêts de Slaviansk, fraîchement ombragées par les frondaisons printanières, que la guerre traverserait tour à tour l'été brûlant, les ors d'automne et le général hiver ? Et qui sait désormais combien d'années encore, combien de saisons passeront sur l'Ukraine avant que ne s'apaise la guerre fratricide des Slaves ? Les combats commençaient seulement à faire rage. Les premiers réfugiés, ceux dont les quartiers avaient été frappés par les affrontements, s'exilaient tous azimuts et jusqu'en Sibérie.

Le gros combiné sonnait d'une grave tonalité. Ma femme a fini par décrocher.

— Alors, Dnieprodzerjinsk ? me suis-je enquis, vaguement intéressé.

— Qu'est-ce qu'il y a à raconter sur Dnieprodzerjinsk ? Lénine a été renversé de son socle. Évidemment, tout le monde continue d'appeler la place « place Lénine ». On l'appellerait comment sinon ? L'usine métallurgique tourne… C'est comme le Donbass, mais sans la guerre.

— Vous vous êtes installés chez ta mère ?

— Oui, on est un peu à l'étroit… Au fait, Vladlen… Ton fils pose des questions. Il aimerait savoir où est fourré son père… Il a même demandé si tu combattais pour la République de Donetsk… Qu'est-ce que je dois lui répondre ?

La conversation était décousue. Quelque chose clochait. Elle savait pertinemment que j'étais incapable de prendre les armes. Elle n'osait pas mettre les pieds dans le plat. Elle a tenté le tout pour le tout en feignant de plaisanter, dans un rire qui tintait affreusement faux :

— Je fais la grève du sexe si tu soutiens la République de Donetsk !

La ligne grésillait. Mon ombre minuscule indiquait midi qui approchait. Je percevais sa respiration au bout du fil, celle-là même qui berçait nos nuits quand nous nous chérissions tant. Nous étions des gamins. Nous avions à peine vingt ans et pourtant nos parents nous reprochaient déjà de tergiverser. Ma mère m'avait eu bien avant cet âge. C'était cela le mariage dans l'ex-URSS, des filles juvéniles, des chefs de famille immatures, écrasés sous le joug d'une jeunesse brimée. Ma femme n'était rien d'autre que mon premier amour. Je me suis souvenu d'elle en robe de mousseline, qui disait « Oui » avec la candeur d'une adolescente. J'étais engoncé dans un costume que ma mère avait repassé dix fois. Elle avait convié ce qui subsistait de la communauté grecque : des muses gauches et une lyre en toc. Il y avait eu des chants, quelques pas de danse, du jus de mouton et des pâtisseries aux recettes censées provenir de la lointaine terre des origines. La perestroïka autorisait la renaissance des cultures meurtries par Staline et consorts. Pourtant mon sang balkanique allait se diluer un peu plus dans l'océan slave de ma fiancée. Nous étions jeunes époux. La dame de la mairie l'avait tamponné dans nos passeports. Et ce combiné qui me transmettait les grésillements d'un silence imparfait. J'ai fermé les yeux. J'ai attendu encore quelques fractions de seconde et j'ai lâché :

— J'en aime une autre, tu sais...

Elle a pleuré et m'a insulté en sanglotant, pour la forme. Elle savait, bien évidemment. Chez nous, en Ukraine, les couples sont rarement en fusion. Les femmes ont leurs caprices et les hommes leurs affaires. Cela faisait belle lurette que nous étions devenus des parents et non plus des amants. C'était cruel malgré tout. Je l'imaginais dans le décor social réaliste des grandes avenues de Dnieprodzerjinsk, avec les tramways faisant trembler le sol et, au bout de toutes les lignes, le terminus de tous les rails : l'usine métallurgique Dzerjinsk. Elle allait déambuler dans cette cité industrielle tentaculaire en quête d'une nouvelle existence. Il n'y avait pas de miroir pour que j'affronte mon propre regard. Au bout d'un instant, c'est elle qui a eu le courage de changer de sujet. Elle a prononcé ce qui lui passait par la cervelle :

— Ils ont renversé Lénine... C'est triste, une ville soviétique sans son Lénine... C'est pas qu'on y croyait, mais... Puisque personne ne croit plus en rien ! Il était bon que quelque chose montre que les gens avaient cru en l'avenir un jour... Et puis c'étaient des bons moments malgré tout... Ekh, Vladlen...

Aux premiers mois de notre idylle enfuie, nous nous retrouvions chaque fois au pied de Lénine. C'était le repère le plus évident. Les révolutionnaires qui s'en prenaient aux monuments rasaient les souvenirs de nos rendez-vous galants. Car quand la mémoire flanche, que l'esprit divague ou vaque à des préoccupations dictées par un présent impérieux, parfois surgissent du paysage une stèle, un parc, un arbre peut-être. Ces lieux et ces choses, immuables, recroisés par hasard, nous renvoient soudain à un passé merveilleux. On se revoit dans leur décor, jeunes, naïfs et le cœur palpitant. Lénine, c'était mes premiers baisers. Or, les députés de la Rada sommaient désormais d'annihiler sauvagement les fresques, les bas-reliefs, les mosaïques de l'art soviétique. Ils exigeaient de désoviétiser les rues, les fonderies, la musique, la littérature... En viendraient-ils aux prénoms ? La bataille de la mémoire faisait rage. Toutes les traces de l'Union devaient disparaître. Ils prétendaient renommer l'intégralité des bourgs, la totalité des cokeries, l'ensemble des aciéries. Où irions-nous puiser l'inspiration ? Ces cités prolétaires avaient vu le jour avec l'URSS. Elles n'avaient pas d'autre mythologie, aucun autre héros au panthéon que des bolcheviques. À Dnieprodzerjinsk, Brejnev était né. À Donetsk, Khrouchtchev lui-même avait travaillé à la mine. Est-ce qu'on oserait rebaptiser la sidérurgie avec des patronymes de fermiers, les mines de charbon en l'honneur des cavaliers cosaques ?

Les femmes ont du cran. La mienne n'a plus fait allusion à notre mariage. Nous avons commenté la chronique. Le Lénine de Dnieprodzerjinsk était à bas, il n'en restait qu'un socle plus haut que lui. Personne ne touchait à l'usine Félix Dzerjinski, le fondateur polonais de la police politique stalinienne, si terrible qu'il avait fallu plus tard renommer la Tchéka en KGB. La ville elle-même était à la gloire de ce sinistre sbire. Allez comprendre ! Il faut croire que les statues sont plus vulnérables que les toponymes. J'ai parlé un peu à mon fils, je l'ai embrassé par-delà les terres noires et les eaux du Dniepr. Quand tout cela serait réglé, j'irais les visiter. Peut-être même qu'on s'embrasserait à Donetsk, lorsque tous les fous seraient rentrés dans leurs asiles domestiques. Ensuite j'ai reposé le combiné. J'ai fait une minute de silence en hommage à toutes mes attentes émues et mes bouquets de fleurs au pied de tous les Lénine déboulonnés. Puis je suis allé rejoindre Émile, qui avait entamé une révision mécanique générale de la Volga. Il s'escrimait à changer une roue qui boitait et marquait une pause devant le vieux tube cathodique, au frais dans la cuisine, siphonnant un thé noir et brûlant. Les ondes pour téléphones portables ne passaient pas et il n'y avait que les hertziennes pour nous tenir au courant. Les chaînes russes étaient désormais prohibées. Sur un canal kiévien, un ministre révolutionnaire gesticulait.

« *Nous sommes engagés dans une lutte contre des terroristes ! Une République de Donetsk ? Laissez-nous rire ! Et quoi encore ? Cette partition est illégale ! Aucune consultation démocratique n'a eu lieu dans les règles ! Quand bien même ! L'Ukraine est indivisible ! Les soi-disant dirigeants des factions qui, je le répète, terrorisent le Donbass se sont autoproclamés. Le Donbass n'a aucun avenir hors de l'Ukraine. Nous prévenons la Fédération de Russie ! Toute assistance est une ingérence dans les affaires intérieures ukrainiennes !* »

La télévision montrait ce pauvre aéroport Prokofiev de Donetsk. Le compositeur de *Pierre et le Loup* était né dans la steppe du Donbass. Un petit village traversé des méandres d'une rivière asséchée par le soleil, une maison de brique et un piano, à l'époque de la Petite Russie. Il avait ensuite fait ses classes et connu la gloire à Saint-Pétersbourg. Était-il ukrainien ou russe ? L'aéroport flambant neuf portait son célèbre nom. Il avait été bâti pour le championnat d'Europe de football. L'Ukraine s'était endettée. Son équipe nationale n'avait pas fait le poids. Ceux de l'Ouest en avaient profité pour reprocher aux supporters de Donetsk leur manque de ferveur. Le ver était déjà dans le fruit.

Car le Donbass n'avait qu'une équipe : la sienne. Le club Shakhtar, « le mineur », avait cristallisé la fierté prolétaire à travers toutes les compétitions soviétiques. Les Britanniques avaient introduit le football en même temps que la métallurgie, pour le repos dominical, dans les concessions impériales. Le public sans le sou ou sans billet utilisait alors le terril de mine voisin en guise de gradins pour surplomber le vieux stade de Donetsk. On l'avait surnommé « la cinquième tribune ». Il offrait une vue sur l'arène, par-dessus les murs d'enceinte. Les spectateurs escaladaient les scories pour assister gratuitement aux duels contre les Dynamo, Spartak, Metallurg, Lokomotiv et autres Zénith de toute l'URSS. Les pentes se couvraient de mineurs agglutinés. Les premiers arrivés étaient juchés au sommet du cône, gradin royal des miséreux.

Aujourd'hui, le club n'avait plus de mineur que le nom, ou presque. Le propriétaire – un fils de gueule noire tenant sa revanche sur la vie – dégustait son caviar frais pendant les joutes. Sa demeure gigantesque était cernée de hauts murs ombrageant le jardin botanique de Donetsk. Son stade ultramoderne avait été inauguré en grande pompe par un concert d'une star américaine venue se trémousser au bout du monde contre une pluie de dollars. Des joueurs brésiliens étaient enrôlés à grands frais. Les rois de la samba avaient pour devoir contractuel de gagner puis de descendre au fond des puits d'anthracite à la rencontre de leur *fanaty*. Ils faisaient le tour des corons, des usines sidérurgiques et des centrales thermiques en brandissant les coupes qu'ils rapportaient d'Europe. Leurs femmes mates et siliconées s'emmitouflaient dans des manteaux de fourrure en tribune, lors des matchs hivernaux. Cela, c'était avant Maïdan et la sécession ! Car l'un d'eux, naturalisé, avait aussitôt reçu un avis de mobilisation pour la guerre. D'autres avaient fait défection lors d'une tournée à l'étranger. Le club s'était réfugié à Kiev.

— Fameuse idée qu'il a eue de troquer Rio pour le club du charbon !

Émile zappait. Les présentateurs posaient les questions en ukrainien, les invités répliquaient invariablement en russe. Le battage passait en boucle. Elle ressassait des mots abominables : terroristes, fascistes, séparatistes, poutinistes, fédéralistes. « -Iste » était devenu le suffixe de la terreur verbale. Et puis Émile a capté les informations sportives. Un journaliste tendait son micro à une des vedettes brésiliennes du Shakhtar Donetsk. Une jolie interprète, la trentaine et bronzée comme si elle revenait de Copacabana, traduisait les réactions en portugais.

Émile s'est soudain étranglé en bondissant devant le poste de télé :

— Ma femme... Zlata ! C'est elle !

Elle était éclatante. Le genre de fille regardée en plein par les hommes et en coin par les femmes. J'ai compris comment elle avait pu avoir du succès sous le soleil de Lisbonne. Vue à l'écran, elle paraissait menue et de taille modeste, rehaussée de talons. C'était à se demander comment une petite chose comme cela pouvait ébranler la large poitrine d'Émile. Son visage soigné, maquillé, était arrangé de faux cils, d'un rouge à lèvres bordeaux et de sourcils épilés, très fins, surplombant des yeux pétillants. Une Ukrainienne pétulante, un peu poupée, un peu glamour mais, à en croire Émile, sans aucune concession spirituelle. Ses cheveux blonds étaient rassemblés en un chignon transpercé d'une pique décorée. Elle portait une robe seyante sur une silhouette gracile. Émile était remué. Il s'est laissé retomber sur la chaise et a lâché dans un soupir :

— Elle est rentrée...

La République populaire de Lougansk

À partir de ce moment, l'aventure a pris un nouveau tour. Émile avait décidé que, si elle était revenue au pays, c'est qu'elle avait quitté ce type au Portugal. Ses rêves de Russie s'en sont trouvés ajournés. Sans doute masquaient-ils une retraite mélancolique vers les profondeurs sibériennes, aux antipodes de Lisbonne. Je n'ignorais pas qu'il songeait à se dérober du côté de l'Oural polaire, où avait disparu son géniteur. Émile avait regretté plus que moi les toundras mauves, les troupeaux infinis de rennes et les campements des nomades nenets. Il n'avait plus qu'une aspiration, atteindre ce royaume des mâles accablés et blessés. Son père y était peut-être devenu roi. Je n'avais pas soupçonné à quel point son dépit était profond. Peut-être aussi me dissimulait-il quelque sombre affaire qui l'empêcherait à jamais de retourner au Donbass. D'avoir aperçu Zlata par le tube cathodique, une fougue s'était emparée de son être. Du jour au lendemain, il s'est mis à regarder l'horizon et non plus l'asphalte. J'en fus quitte pour les nids-de-poule qui faisaient tanguer violemment la Volga. La route défoncée était rapiécée comme une culotte de morveux. Des carrés de goudron raccommodaient la chaussée tandis que son cœur blessé semblait pansé par le seul espoir qu'il puisse la revoir.

Poireauter encore n'avait plus de sens. La situation s'aggravait à en devenir critique. Prendre le large s'avérait urgent. Les chemins de fer étaient coupés, les aéroports détruits. Les espoirs de tractations se dissolvaient comme un comprimé dans un verre d'eau. Lougansk, l'autre capitale du Donbass, était tenue par une armée mexicaine vêtue de bric et de broc, fournie de fusils de chasse et de lance-grenades. Ils avaient assiégé le SBU, les services secrets ukrainiens. Comme partout, les forces de l'ordre s'étaient évaporées. La révolution avait décomposé l'État. Pendant que nous nous prélassions à la campagne, la guéguerre de check-points et la pagaille de coups de feu en l'air avaient vécu. La revue de presse des derniers jours était affligeante. Les séparatistes avaient fait tomber une pluie d'hélicoptères et d'avions militaires. Un beau matin, quarante-huit corps en uniforme avaient chuté de l'azur clair pour repartir aussitôt au paradis. Parmi eux des généraux ex-soviétiques et de fraîches recrues bien incapables d'esquisser la biographie de Lénine. Un obus avait éventré une colonie pénitentiaire. Les détenus se baladaient dans la nature. Des affrontements sur la rivière Donets rappelaient douloureusement le front de l'Est contre les Allemands. Partout dans le Donbass, au détour des bourgs, sur le bord des routes se dressaient des monuments aux héros libérateurs du nazisme. Les stèles, les statues, les plaques n'étaient pas encore rouillées ou foudroyées que tout cela repartait de plus belle.

Émile avait mis le cap sur Shakhtersk, la ville natale de Zlata. Shakhtersk signifie « la ville du mineur ». Cela promettait pour le paysage. Notre vadrouille tenait enfin une destination. Jusque-là nous avions erré au petit bonheur la chance, surpris de cette soudaine liberté, enchantés de digérer nos déboires au suc de la route. Cette course folle à travers le Donbass ne pouvait pas non plus s'éterniser. Émile roulait sur l'accotement en raison des colonnes de blindés qui fonçaient en sens opposé. Les tanks étaient plus larges que l'asphalte. Ils nous repoussaient sur le bas-côté. Vers midi, nous avons passé une voiture ratatinée dans une collision. Ses passagers avaient été broyés. Un petit garçon subitement orphelin de ses parents qui gisaient dans la carlingue expirait dans les bras de braves gens accourus. Les lamentations déchiraient le cœur. Les soldats s'occupaient des leurs un peu plus loin. L'automitrailleuse était allée percuter un mémorial de la lutte contre la Wehrmacht. Les cadavres des soldats formaient une farandole sur la pelouse, au pied du cénotaphe égratigné sur lequel un héros, drapé dans une cape de bronze, torse nu et hiératique, brandissait une vieille mitraillette Degtyarev.

— Nos vétérans de grands-pères nous protègent, a dit Émile. Même morts et figés en pierre, ils nous défendent…

— Émile, ta gueule, ces bidasses-là n'y sont pour rien. Ils ont vingt ans, ils pourraient être nos gosses !

— Pardon, a répliqué Émile, ils viennent quand même d'écrabouiller une famille…

— Et les séparatistes alors ? Ce sont des anges,

Émile ? Combien de civils ont-ils trucidés par leurs rafales hasardeuses ?

— *Izvini*, je m'excuse, Vlad, c'est de voir l'armée déferler sur le Donbass qui me hérisse… Ils ont fait la révolution par l'émeute, maintenant ils viennent l'imposer par la guerre…

La guerre, elle, germait dans des bourgs soviétiques baptisés « Bonheur » et faisait des émules à « Colline joyeuse ». La toponymie soviétique avait menti jusqu'au bout. Le futur n'aurait pas lieu. L'avenir était un projet annulé, faute de budget. Nous passions des blok-posts à n'en plus finir. Les factionnaires nous considéraient avec suspicion. Peu de temps après, il était question d'interdire de passage tout homme en âge de combattre. Les hostilités forçaient chacun à choisir son camp. Nous n'avions qu'une peur, laisser nos amours de l'autre côté du front qui se précisait à l'horizon.

Pour se remettre de nos émotions, Émile s'est rangé à côté d'un modeste café de routiers. On s'est assis dans un coin, le plus loin possible d'une télé qui vociférait. La serveuse nous a apporté les menus en traînant des pieds, avec une indolence étudiée. Nous avions à peine commencé à déchiffrer les spécialités culinaires « à lia francez » qu'elle a refroidi nos ardeurs gustatives. Il restait du chou en salade, de la betterave, du bortsch vert, celui préparé avec de l'oseille, et puis des beignets de pomme de terre. Émile a voulu plaisanter sur cette disette imprévue. La fille a coupé court comme si nous l'importunions. Elle s'est souvenue qu'elle pouvait éventuellement dénicher un fond de *solianka*, la fameuse soupe de saucisse. On a commandé ce qu'il y avait et commencé à boire à satiété en attendant le bouillon et les patates. La serveuse débarrassait beaucoup plus vite qu'elle ne servait. Elle a embarqué ma bière en me privant de la dernière gorgée. J'avais le dos tourné parce que la télé montrait le résumé d'un match du Shakhtar. L'addition est arrivée dans la foulée sans même que nous ayons eu à la demander. L'allusion était limpide. On a débarrassé le plancher.

Après le déjeuner, Émile a freiné près d'un blok-post. Les militaires fouillaient chaque véhicule, arme au poing. Une bâche camouflage et un canon long brûlaient au soleil derrière des blocs de béton entassés sous un mirador. Les chauffeurs patientaient avec résignation, portières ouvertes, consumant des cigarettes bon marché. Les passagers se dégourdissaient. Une file gigantesque s'était formée. Soudain il a pris à quelqu'un d'aller uriner contre le mur voisin, de l'autre côté de la plate-bande. Un soldat a hurlé que tout était miné. Il était trop tard et l'autre a fait son affaire avant de revenir sur ses pas en arborant un sourire niais. C'était cela le début de la guerre du Donbass, une chose pas très sérieuse où le bluff n'était pas tant une stratégie qu'un aveu d'impuissance. Par la suite, des enfants se mirent à exploser en allant jouer dans les futaies et les mères à pleurer des trombes, d'un coup, comme si le barrage du Dniepr avait cédé. Quand je repense à ce début d'été, l'horreur avait encore du potentiel et l'abjection de la marge.

La file d'attente progressait au compte-gouttes. Une cokerie de sidérurgie jouxtait le check-point, ronflant de toutes ses batteries, de ses fours et de ses tours. Des émanations jaunâtres infusaient l'atmosphère en panaches de fumée opulents. À cause de dommages, la pyrolyse ne s'effectuait plus aux températures requises. Le gaz de houille, bilieux, fuitait du mikado de tuyaux, de conduits et de rampes. S'ils ne périssaient pas sous un obus, les ouvriers seraient éligibles au cancer. La populace relayait à qui voulait l'entendre des rumeurs au sujet d'armes chimiques. Nous avons respiré le fumet toxique de cette vaste cuisine à charbon jusqu'au début de l'après-midi. Ensuite ce fut notre tour.

— Votre destination ? a demandé un factionnaire dans son plus beau russe.

— Parlez plutôt en ukrainien, soldat ! a ordonné un gradé qui surveillait derrière l'épaule.

— C'est que... Comment dit-on « le but de votre séjour » en ukrainien ? s'est interrogé le subordonné.

— Nous allons chercher nos familles pour les sortir de ce pétrin, a renseigné Émile en russe.

— *Diakuiu*, a remercié le soldat, qui s'est soudain souvenu d'un mot.

— En voilà un pays ! Personne ne parle la langue nationale ! Fouillez-moi ce coffre ! s'est énervé le supérieur.

Dans le coffre de la vieille Volga d'Émile, ils n'ont rien trouvé que des bocaux en verre que les gens de Malinovka nous avaient offerts pour la route. Il y avait de la *kompot*, de l'*uzvar* et d'autres mixtures à base de fruits séchés. Les villages d'Ukraine sont toujours combles de bouteilles et de récipients qu'on collecte pour les remplir de produits maison, jus de fruits rouges, cornichons ou tomates marinés. Des bocaux conservant des tambouilles du cru. La jeune sentinelle avait la mine déconfite et s'est mise à se lamenter :

— Hier, un vieil homme nous a apporté un pot de miel…

Et il s'est mis à jurer de dégoût puis à maudire les *Homo sovieticus* sur trois générations.

En fait de vomi d'abeilles, le pot avait explosé dès que le couvercle avait été dévissé et l'opercule crevé, tuant deux de ses camarades, qui étaient repartis dans un cercueil de bois se faire inhumer au pied des Carpates sous les sanglots de leurs parents et la peine de tout un village. Nous avons présenté nos condoléances avec sincérité. Émile leur a fait cadeau de toutes nos provisions. L'armée n'était pas ravitaillée, ni en munitions, ni en saucisson. Les autochtones se plaignaient de surprendre des conscrits à marauder dans les potagers.

— Si vous voyiez les séparatistes ! s'est exclamé le soldat. Comme ils sont mis !… avec pléthore de surplus militaires de Russie… Et nous… Dans quel état !

Deux heures plus tard, en République de Lougansk – révolutionnairement parlant, il fallait dire « en territoire occupé » –, Émile a freiné devant une caserne pillée par de pauvres hères. Ils rôdaient en vestes kaki dont ils avaient arraché les insignes jaune et bleu. Tous les belligérants arboraient les mêmes gueules de Slaves abîmées, les mêmes treillis et uniformes, chevauchaient les mêmes tanks usés, maniaient des kalachnikovs identiques. Ne restaient que les blasons et les écussons pour les différencier. Ils se combattaient avec les vieux stocks de l'Armée rouge, sous les ordres des mêmes stratèges, hurlés dans la même langue ou presque. Dans les airs ne vrombissaient que des zincs et des hélicoptères *made in USSR*.

Tout cela sous les frondaisons, au milieu des parterres de fleurs illuminant la steppe. Comment les adversaires pouvaient-ils prendre goût à la guerre par un tel été ?

L'armée avait fichu le camp la veille, dans une panique indescriptible, traversant le bourg voisin en trombe. Le matériel abandonné avait déjà été réquisitionné par les milices séparatistes. Les locaux n'arpentaient les bâtiments que dans l'espoir d'une quelconque trouvaille. Soudain Émile s'est mis à sourire et à plisser ses rides. J'ai cru qu'il ironisait sur tout ce gâchis et cette anarchie. Je me suis mis à ricaner aussi en invoquant l'humour à notre secours. Et puis j'ai suivi son regard et j'ai compris qu'il contemplait sans gêne deux déesses en bikini. Elles posaient sur des blindés au rebus, foulant de leurs talons aiguilles inouïs la ferraille à tuer, enlaçant les canons de leurs bras fins et gracieux, et pointant des fusils automatiques vers le ciel. Un photographe, à côté d'un 4 × 4 très noir, les immortalisait en rafale. Il leur a tendu un drapeau de la République de Donetsk qu'elles ont brandi au vent avec des cris de victoire et en éventant leur chevelure chatoyante. Les maraudeurs étaient aux anges. La fripouille exultait. Émile a supputé :

— Ce doit être pour le concours de miss République populaire… Miss Sécession peut-être !

— Émile, comment osent-elles ?

La scène était irréelle et presque cocasse. Les mannequins prenaient des poses lascives pour soutenir l'indépendance du Donbass. Elles termineraient en affiches sur les grands panneaux publicitaires de Donetsk. Nous étions fascinés, ahuris et concupiscents. Stationnés sur le bas-côté avec des yeux béats et des sourires ingénus, nous n'avons pas vu approcher un passant venu frapper au carreau qu'Émile a abaissé en moulinant la poignée.

— Elles sont affolantes, qu'en pensez-vous ? Vous visez la brune ? Ces seins aériens ? Elle a eu le temps d'aller se les faire bourrer de silicone avec ses économies... Autrement, elle aurait tout perdu avec la dévaluation ! Putain de pays ! La beauté, ça se dégrade toujours moins vite que notre monnaie de singe ! Ça, c'est un placement ! Les banquiers sont moins bons conseillers que les chirurgiens. Je vous le dis ! Moi je n'ai pas de poitrine, mais je n'ai pas un kopeck, alors... Sinon j'aurais acheté un *avtomat* kalachnikov.

— On peut vous aider ? a coupé Émile.

— La gare, oui, déposez-moi à la gare, c'est l'heure du train, putain.

Il a fourré son butin dans le coffre de la Volga. Il s'agissait de quelques conserves, de couvertures et d'un tube de dentifrice abandonnés à la hâte par l'armée dans la caserne. Émile, encore tout étourdi, a pris le large en enfonçant la pédale.

— C'est pour ma vieille mère, a précisé le gars derrière. Deux ans que je galère... Et nos vieux ? Ils ont trimé leur vie entière... Vicissitudes qu'ils déclarent, les philosophes à la télé ! Je vous le dis, moi... C'est un échec cuisant de ce passage sur terre.

— Y a pas de place à l'aciérie ou à la mine ? lui ai-je reproché.

— C'est que tout a fermé. L'usine métallurgique a été rachetée par une société rivale russe. Et que croyez-vous qu'ils ont fait ? Des investissements pour moderniser ? Je vous le donne en mille...

Aussitôt le contrat signé, ils l'ont dynamitée pour éliminer la concurrence... Le bourg entier est au chômage. Et puis les salaires... Voilà que l'on vit pire qu'en Afrique, bordel, ils paient moins qu'au Ghana ou en Zambie à ce qu'on raconte. Dire qu'il y a vingt ans, on faisait encore trembler l'Amérique... Aujourd'hui, ici, c'est l'Afrique blanche ! Vous y croyez, vous ?

Le drapeau séparatiste flottait au vent des steppes : trois bandes noir, bleu, rouge frappées de l'aigle à deux têtes et de saint Georges, le patron de Moscou. Les rebelles peinturluraient de leur tricolore les arrêts de bus de campagne, les panneaux annonçant les villes. La guerre des couleurs faisait rage. En contraste, la radio crachait d'une voix fébrile :

« *Nous, Ukrainiens, sommes aux avant-postes de la civilisation ! Nous formons le rempart de l'Europe ! L'Armée rouge est de retour, la Russie barbare s'apprête à déferler sur les pays Baltes et la Pologne ! Il est dans l'intérêt de l'Occident de nous soutenir dans notre lutte pour la liberté !* »

Les médias avaient cessé de faire des gorges chaudes de ces proto-États. Le rire virait au jaune. Les ministres révolutionnaires de Kiev n'esquissaient plus que des rictus. Derrière, notre autostoppeur maraudeur était aux anges.

— Comment les gens survivent alors ? ai-je repris.

— Comment ? Ils ne savent pas eux-mêmes ! Comment peut-on bien survivre ici ? Les mineurs licenciés creusent des galeries illégales... Putain ! Ils s'aventurent à leurs risques et périls dans les puits condamnés... Que faire ? Il n'y a pas d'emplois. Saloperie de bordel ! Pendant ce temps, les oligarques courent les stations de ski, se prélassent aux Maldives, roulent en décapotables… Yacht et datcha royale… Putain de merde ! Avant, nous étions les héros de la nation et, aujourd'hui, nous sommes les larbins de tsars milliardaires…

— Bon, et toi alors ? Tu te débrouilles comment ?

— Moi ? Moi… C'est-à-dire… Disons que je rôde à la gare de triage.

J'ai gardé le silence, je me doutais bien qu'il n'officiait pas comme cheminot. J'attendais qu'il me donne la clé de sa petite énigme. Au volant, Émile ne semblait nullement intrigué et même plutôt gêné. Sans doute savait-il trop bien ce que pouvait trafiquer une ancienne gueule noire dans le secteur ferroviaire. J'étais le plus éberlué de tous, je sortais ahuri de ma salle de concert et de mes opérettes. J'ai posé mon regard sur Émile quelques secondes, réalisant que j'étais loin de tout connaître sur son compte. Notre passager a promis :

— Vous allez voir. C'est justement l'heure du train.

Dans une zone industrielle, nous sommes montés sur un pont qui enjambait des dizaines de rails luisant au couchant. Notre passager a demandé qu'on le laisse là, en nous conseillant vivement de patienter sur le parapet. Nous constaterions ce qu'était la réalité de « ce maudit Donbass, putain ». Lui a dégringolé vers les voies enchevêtrées que peignaient les aiguillages. Un train de marchandises s'amenait dans un brouhaha rythmé comptant les rails. Les wagons de charbon étaient remplis ras la gueule. Le convoi a freiné dans un crissement strident et pénible. Il a ondulé comme un serpent pour finir sur une voie de stationnement.

— Et alors ? ai-je dit, dépité.

— Observe bien, a ordonné Émile. Tu vas saisir le calvaire.

De la pénombre, des fourrés, de sous les quais a surgi un commando de gaillards armés de pelles. Ils ont escaladé les wagons en un clin d'œil et se sont mis à fourrager la houille en remplissant des sacs. Cela a duré quelques minutes, ils en prélevaient autant qu'ils le pouvaient. Puis la locomotive a sifflé. Le convoi s'est ébranlé. Les indigents ont lancé leurs prises sur le ballast et sauté à leur suite. Ils avaient ponctionné quelques centaines de kilos à revendre au marché noir. C'est comme cela qu'ils survivaient. Notre passager nous a fait un grand salut rigolard d'en bas. Il ne se cachait plus. Des séparatistes se tenaient à côté et désossaient les vieux fourgons pour en revendre le métal. Les républiques du Donbass, personne ne les construisait. La région était livrée à l'anarchie dans l'espoir d'un rattachement à la Russie. J'ai hoché la tête en regardant sévèrement Émile.

— Merde, Émile, comment peux-tu soutenir tout cela !

— Je ne soutiens rien du tout… Qu'est-ce que tu veux y faire ? À la mine, quand on envoyait un train bourré d'anthracite, les comptables estimaient qu'on perdait l'équivalent d'un wagon sur le trajet… C'était comme une taxe en vérité, un impôt social, prélevé à la source…

Nous sommes retournés à la Volga sans un mot. Nous avons vogué à travers des champs que personne ne moissonnerait. Nous croisions des colonnes de blindés rebelles, comme tombées du ciel. Le silence pesait lourd, j'ai mis un vieux disque dans le lecteur qu'Émile avait adapté à sa Volga usée. Une fille que j'imaginais couronnée de fleurs interprétait en ukrainien *U vishnevomu sadu*, « Dans la cerisaie ». C'était divin comme un ciel bleu et j'ai reproché à Émile :

— Comment peux-tu ne pas aimer de toute ton âme l'Ukraine en écoutant ça ?

— Ma mère ne fredonnait pas ça au-dessus de mon berceau, a grogné Émile.

— Pourtant tu as le disque dans ta voiture, mon vieux.

— Hier encore, j'étais ukrainien, Vladlen. Mais c'était une autre Ukraine. Presque tout le Donbass était ukrainien avant la révolution... Quand on respectait notre... Notre identité ! Avant qu'on nous fasse un bras d'honneur... Leur première décision a été de délégaliser la langue russe dans nos régions...

Le patriotisme, c'est chialer en entendant un chant de chez soi. Je n'arriverais pas à arracher une larme à Émile avec cette mélodie. Nous nous sommes un peu fâchés. Il s'est renfrogné en tournant les boutons pour capter des ondes russophones. Un bon vieux tube de la perestroïka a vite cédé place aux informations. Il se passait des choses énigmatiques. L'armée avait beau encercler les camps retranchés des insurgés, ils parvenaient malgré tout à s'éclipser à la faveur de la nuit et de complicités. L'armée de Kiev était pourrie jusqu'à la moelle, truffée d'éléments doubles à cause du poids du passé. Et puis soudain, une voix féminine très grave s'est mise à déclamer :

« *Un long-courrier de touristes hollandais s'est*

abîmé aujourd'hui dans le Donbass près de la ville de Torez. Il faisait route vers la Malaisie. Les premiers témoins évoquent une vision morbide de corps épars et blêmes, de valises débraillées. Certaines sources rapportent que des débris de l'avion sont déjà dépecés pour la ferraille. Tout désigne une bévue monumentale des séparatistes qui visaient un avion militaire dont le plan de vol leur aurait été transmis. On s'étonne par ailleurs que Kiev n'ait pas encore fermé l'espace aérien du Donbass… »

— Émile, merde ! C'est la Troisième Guerre mondiale !

— Et zut ! Le monde entier va s'en mêler à présent. Il faut filer… Moscou et Washington vont se battre jusqu'au dernier Ukrainien…

J'ai acquiescé. Ce genre de formule qui renvoyait à des superpuissances, au regard desquelles nous n'étions qu'une réalité subsidiaire, nous servait de terrain d'entente pour conclure nos débats bons amis. Nous aurions pu aussi bien nous rabibocher sur le constat que tout ce maelström n'était que le résultat d'une colère de Zeus, d'un mauvais alignement de planètes ou d'un problème collectif de karma. La paix dans la Volga exigeait que jaillisse une raison supérieure, perfide et fourbe. Pour nous mettre d'accord, le plus aisé était encore de rejeter la faute sur des lois cosmiques commandant à l'humanité tout entière. Aussi en revenions-nous sempiternellement à ces phrases tacites qui sont à la politique et à la guerre ce que le mot « destin » est à la vie.

Comme en 1941

Il était tard. Un orage en gestation masquait les profondeurs sidérales. Dans la nuit noire ne brillaient que les étoiles en rubis doré surmontant les puits de mines. Rouges comme le communisme, elles signalaient en surface que les quotas étaient remplis dans les entrailles du Donbass. Sous terre, des milliers d'hommes se tuaient au labeur. Les puits constituaient la partie émergée de l'iceberg, la tête du poulpe étendant ses galeries comme des tentacules. On ne distinguait jamais qu'eux, flanqués de leurs inséparables terrils. Même lorsque les sociétés d'oligarques investissaient des milliards pour moderniser les chevalets hors d'âge, les patrons replantaient une étoile vermillon flambant neuve à leur sommet. Par tradition prolétarienne. Cinq branches évoquant l'Internationale. Cinq branches rappelant que l'URSS ne relevait pas totalement du domaine des souvenirs.

Le ciel éteint, les routes et leurs cratères se découvraient à la lueur des phares, dans un crissement de freins. Les champs dormaient. Seules ces grosses étoiles écarlates à cinq branches formaient une constellation sous le signe de laquelle étaient nés tous les hommes du Donbass. Les mines s'appelaient Komsomol, Partisan ou Héros du cosmos. J'aimais ces fanaux de l'anthracite, ces flambeaux des steppes, témoignant sous le firmament d'un chantier invisible. À les apercevoir, on s'imaginait aussitôt une fourmilière d'ouvriers dans un enchevêtrement de strates souterraines. Un mois auparavant, neuf mineurs avaient encore perdu la vie dans un fantastique coup de grisou.

Nous n'avions pas avalé assez de kilomètres à cause des check-points et des quelques obus qui avaient fusé dans les airs. Il avait fallu se mettre à l'abri sur le bas-côté. Et puis plus loin des crétins n'avaient rien trouvé de mieux que de faire pétarader un feu d'artifice pour un anniversaire. Le prochain bled se nommait Antratsit. Ça avait le mérite d'être clair. Pour y passer la nuit, Émile proposait un plan vaseux et c'était cela ou rien : un ancien collègue qui fabriquait désormais des pièces d'armement dans une fabrique du coin. Du moins est-ce ce qu'il prétendait. Rétrospectivement, je suis bien obligé de supposer qu'il n'y avait pas de hasard. L'usine était en ébullition. Des grues déménageaient les chaînes de montage. Les ouvriers démontaient jusqu'au dernier boulon, désagrégeant les structures. Des dizaines de moujiks transbordaient un fatras de machines-outils dans des KamAZ géants. Ils portaient tous haut les couleurs de la sécession. Émile a fini par dénicher notre hôte, affublé d'un treillis, qui a opiné sans sourciller :

— Donnez-nous un coup de main, ensuite je vous trouve où pioncer.

On a pris des cartons, on a suivi le mouvement.

Des dossiers barrés « Confidentiel », des dessins d'ingénieurs débordaient des caisses et des chemises. J'ai fini par m'étonner publiquement :

— Mais qu'est-ce qui se trame ici ?

Un grand gars ébouriffé et noir de cambouis a répondu :

— On déménage l'usine, elle part en Tchouvachie.

La Tchouvachie, c'était dans l'Oural ou presque, quelque part en Russie. Moscou avait besoin de ce fournisseur pour son industrie militaire. Puisque la nouvelle Ukraine lui était hostile, des unités évacuaient les fleurons de l'armement soviétique encore en activité. Il fallait sécuriser le tissu industriel stratégique. Si Kiev se vendait à l'Alliance atlantique, ces secrets-là passeraient à l'ennemi. On opérait à la faveur de la nuit et de la guerre. Pour cela, un convoi humanitaire composé de dizaines de camions venait d'arriver, chargé de médicaments, de provisions ou de vêtements. Il y avait aussi des remorques vides. Elles repartiraient à plein, embarquant le complexe en pièces détachées. Les ouvriers, les femmes, les familles suivraient. Elles s'exilaient toutes en Tchouvachie. Là-bas, une nouvelle vie les attendait. Adieu Donbass ! Adieu Ukraine !

L'opération était menée rondement. Une main invisible orchestrait l'affaire. Quelques individus habillés en péquins du coin avaient l'air tout sauf anodins. Le grand hangar privé de ses machines-outils a immédiatement semblé une manufacture désaffectée. Le genre de friche qui fait rêver les musées d'art contemporain. Les chauffeurs ont mis les gaz et ont filé vers la frontière. Nous nous sommes assis avec les ouvriers sous l'immense structure de ferraille pour partager miches de pain noir et charcuterie.

Un aîné s'est mis à raconter 1941 et l'opération Barbarossa, il avait seize printemps lorsque Hitler avait lancé ses panzers vers l'Est infini. La première armée blindée allemande et le maigre corps expéditionnaire italien visaient le bassin du Donbass, afin de détruire les capacités militaro-industrielles soviétiques. Les aciéries tournaient à plein pour fournir des bombes, des munitions ou des blindages à l'Armée rouge. À l'approche des envahisseurs, l'ordre avait été donné de dynamiter les puits de mines, et de démonter les usines sur-le-champ. En deux semaines à peine, elles avaient été chargées sur des trains et évacuées vers l'Oural, d'où elles avaient poursuivi l'effort de guerre. Un tour de force. L'industrie lourde fut sauvée. Autrement, qui sait avec quoi l'URSS aurait fini la guerre. Les nazis et les Chemises noires ne trouvèrent au Donbass qu'une terre brûlée. Les habitants en firent les frais, massés dans des fermes incendiées, tandis que la Wehrmacht violait à tout-va.

— Les fascistes, ils sont de retour, grand-père ! a seriné l'ancien collègue d'Émile. L'histoire se répète, voilà qu'il faut de nouveau sauver les usines ! Les *banderovtsy*, les Ukrainiens de l'Ouest ! Ils débarquent au Donbass. Ils ont collaboré avec la Waffen-SS en 1943, ils ont cloué les Polonais de Galicie et de Volhynie aux portes des granges avec des fourches… Avez-vous entendu aux nouvelles ? Le gouvernement révolutionnaire réhabilite la mémoire de Bandera ! Ils vont déferler sur le Donbass et en faire autant qu'une Panzerdivision du Reich…

Il ne me disait rien qui vaille, cet *Homo sovieticus* qui devait nous héberger pour la nuit. J'avais faim et j'étais épuisé de ce florilège de mots galvaudés. Tous les fantômes de la grande guerre patriotique avaient ressurgi. J'ai préféré fraterniser avec un grand énergumène qui découpait du saucisson dont le prix ne cessait d'augmenter. J'aurais pu me boucher les oreilles avec tant j'en avais assez qu'on me rabâche Gestapo et compagnie. Le front de l'Est avait été d'une violence inouïe. Les nazis avaient pillé, torturé et exécuté jusqu'à des gamins. Les prisonniers de guerre avaient été exterminés. L'URSS était marquée dans sa chair, plus cruellement que l'Occident. La race slave était maudite par Hitler. À la libération par l'Armée rouge en 1943, Donetsk n'était plus qu'un champ de ruines où erraient veuves et orphelins au beau milieu des décombres, pleurant quelque cent cinquante mille morts ! À Kiev, Odessa, Sébastopol, ce fut jusqu'à un quart de la population que les soldats du Reich décimèrent dans une guerre démarrée pourtant sur le tard. Rien d'abracadabrant à ce que le parti communiste ait fait de la victoire un mythe fondateur de l'URSS d'après-guerre ! Nulle magie à ce que les gens se lèvent comme un seul homme à l'évocation d'une nouvelle menace fasciste, fût-elle chimérique ! Je savais toute cette barbarie et ses séquelles. Je savais mais j'étais las.

Avec Émile, nous avions passé des dizaines de blok-posts ukrainiens et, en fait de fascistes, nous avions vu de braves gars aussi ennuyés que nous par la tournure des événements. Il était urgent que tous reviennent à la raison. Même Émile fronçait les sourcils à l'écoute de la verve martiale résonnant dans l'usine vide. Quand il a eu fini de déblatérer sur les gens de Maïdan, l'orateur nous a enfin guidés vers un bloc d'immeubles voisin. On a déplié les canapés et fait chauffer le thé.

— Alors, c'est comment par ici ? a questionné Émile.

— L'enfer, a dit le gars. L'armée nous pilonne, les Ukr veulent notre peau.

Il y a eu un silence, un long moment de calme avant le déluge :

— Ils ont accueilli les nazis avec du pain et des couronnes de fleurs, merde !

— Il faut démanteler l'Ukraine, a abondé Émile à ma grande surprise.

— Vous êtes dingues, ai-je décrété. Vous ne voulez pas non plus ressusciter le pacte Molotov-Ribbentrop ? Je vais prendre une douche !

Et j'ai avalé dans une grimace les dernières gorgées du thé noir et amer. Après quoi je me suis levé d'un bond, je rêvais de laver mon corps des sueurs de ma peur et de mon labeur. Tout l'appartement était saturé de papier peint gondolé, de vieux tapis brejnéviens désuets, de vaisselle et d'appareils électroménagers de la perestroïka. Çà et là traînaient des seaux, des bidons, des réserves de condiments bon marché. Un poster écorné de pin-up était épinglé au mur de la salle de bains. Une femme plantureuse s'y trouvait érotiquement ficelée dans un porte-jarretelles. Sa peau dorée, fraîche, tendue et ferme, immortalisée par le miracle de la photographie se trouvait affreusement flétrie par le truchement du papier froissé. Des serviettes élimées voire en loques séchaient au-dessus d'une baignoire écaillée. Je n'ai pas eu le loisir d'ouvrir le robinet, le maître des misérables lieux a prévenu sans se retourner :

— L'eau est coupée, ces salauds d'assassins d'Ukr ont touché les canalisations.

Blin ! Crêpe de crêpe ! ai-je pensé, et j'ai fait marche arrière. Notre hôte – communisant notoire – faisait un cours d'histoire. L'histoire ! Ce passé aux mille visages, ces fondations sans lesquelles le futur est bancal, ce socle invisible ! L'histoire, brandie comme un étendard par tous les partis. Ils m'ont eu, ces deux compères, avec leur douche cassée et leur vodka pour laquelle j'ai délaissé le thé. J'ai fini par prendre part à cette conversation que je voulais à tout prix éviter. Notre bienfaiteur récitait :

— Les usines avaient déménagé en Oural… Les nazis avaient tout rasé, fait sauter les chemins de fer et les centrales électriques. Ces cochons avaient noyé les fosses de charbon sous des tonnes d'eau en y jetant tout un foutoir… Le Donbass était ravagé, putain… Après la guerre, les gens d'ici ont tout bâti, ils ont rouvert les mines au forceps et rallumé les hauts-fourneaux… Staline avait lancé un gigantesque plan quinquennal… Vous ne pouvez pas ignorer ça ! On fait tourner toute la République soviétique socialiste d'Ukraine ! L'énergie, c'est nous, de l'anthracite aux lignes à haute tension en passant par les turbines ! Que serait le monde aujourd'hui sans le coke ? Le Moyen Âge ! Cette Ukraine, nous en sommes son réacteur ! a-t-il conclu en frappant du poing sa poitrine avec conviction.

— À l'Ouest, ils ne savent qu'immigrer à Varsovie pour faire la vaisselle et le ménage, a ajouté

Émile, se gorgeant d'alcool. C'est comme cela qu'ils comptent développer le pays ?

— L'Europe doit être diablement plus avancée que nous pour qu'ils aiment même y faire la plonge !

Le collègue d'Émile m'a jeté un regard torve, il s'est resservi un peu de vodka et a poursuivi d'un ton cinglant :

— Ça, évidemment ! La révolution de Maïdan, elle va... comme ils disent... dans « le sens de l'histoire » ! Foutaises ! Leur boussole à eux, elle indique à coup sûr l'Occident ! Ce sont des vendus ! Le Donbass ne sera jamais le vassal de l'Europe... Il n'a pas été conçu pour l'Ukraine étriquée, mais pour l'URSS tout entière ! Voilà la vérité ! Le Donbass est surdimensionné pour ce pays minable... Il faut lui redonner de l'air, le remettre au service de la Grande Russie !

— Descendez de votre nuage... Notre avenir, c'est la fin de l'anthracite. Qui a besoin de notre houille ? Vous êtes aveugles ou bien quoi ? Quant à la Russie, elle a reconnu l'indépendance de l'Ukraine, non ? Que vient-elle refourguer des armes à la sécession et piller des usines ? ai-je décidé de ne plus me taire.

Ça l'a mis en rage. Il a levé le coude. La vodka a dévalé son gosier.

— L'URSS à genoux a été contrainte d'accepter l'inacceptable, a-t-il martelé. Avec des « traités inégaux » comme disent les Chinois. C'est cette mijaurée de traître de Gorbatchev qui a disloqué l'Union... Séparé le Donbass de la Russie ! Et est-ce que l'Amérique n'avait pas promis de ne jamais toucher à l'Ukraine ? La voilà, leur parole ! Après cela, plus rien ne peut être gravé dans le marbre !

— C'est l'Occident qui a inventé la psychologie, non ? Alors pourquoi ne comprennent-ils pas notre humiliation ?

Cette dernière élucubration était d'Émile, qui commençait à goûter les délices de l'ivresse et de la liberté de ton. Je les ai dévisagés tous les deux, avec leurs gueules assurées d'avoir raison, leurs poings énormes qui auraient broyé les volutes de n'importe quel violon. Je devais leur sembler un de ces citadins de Donetsk, dont la garde-robe ne contenait que des costumes trois-pièces et des chemises blanches avec boutons de manchette. Sans doute à leurs yeux incarnais-je cette élite dorée, pianotant sur ses smartphones rose bonbon avant de s'engouffrer dans des boîtes de nuit illuminées par la combustion du charbon.

— Maïdan est une révolution bourgeoise, a affirmé Émile.

— Un coup d'État ourdi par les *Amerikos* ! a corrigé notre hôte. Tout était préparé, mis en scène, théâtralisé comme dans un film hollywoodien… Ils nous emmerdent avec leur Europe qui n'a que faire de nous. Je vais vous dire moi ! L'Europe, ce n'est pas jusqu'à l'Oural, comme on nous raconte dans leurs saloperies de manuels scolaires… L'Europe, c'est jusqu'au Donbass, voilà ! À partir d'ici, c'est la Russie !

Il a pointé le sol de son doigt comme si la frontière passait dans sa cuisine. J'étais rompu. Je rêvais de m'étendre sur un des canapés, fussent-ils crevés. Est-ce que le monde était tenu de s'expliquer avec des blindés ? S'allonger ! J'aurais regardé les plâtres qui s'émiettaient, les lambeaux de peinture du plafond qui pendaient comme les chairs de notre hôte avec l'âge. Le plus déplorable dans la guerre, c'est qu'elle prend du temps à la vie. Je brassais des idées éparses dans la griserie qui s'emparait de mon être à mesure des cul sec. L'alcool m'a décidé à leur confier le fond de ma pensée avant d'aller me coucher :

— Vous êtes de grands paranoïaques. Ce salaud d'ex-Président, Ianoukovitch, c'était une racaille sortie d'une institution pénale pour mineurs. Il doit y avoir des babouchkas qui se souviennent encore d'avoir été violées par ce... colosse pourri jusqu'à la moelle ! Il confondait les noms des poétesses avec ceux des oligarques... Merde ! Maïdan a mis ce bandit dehors, et ensuite ? Il pouvait à peine s'exprimer dans la langue nationale !

Il y a eu un silence. Le gars, ulcéré, a bu un énième verre et puis il m'a asséné sans hésiter :

— Tu sais quoi ? Dégage de chez moi et fais gaffe à ta peau.

Émile m'a fixé avec des reproches plein les yeux et de la consternation peinte sur son visage empourpré par l'alcool. Il a enseveli le tout dans sa mine intérieure à lui. Il a donné le change au gars dans un éclair de lucidité :

— Excuse-le, il a un chagrin d'amour.

Puis il m'a poussé vers la sortie avec promptitude. L'autre avait des armes stockées sur son balcon défoncé et l'habitude d'en découdre à tout propos. C'est Émile qui m'a confié cela plus tard. Il connaissait bien la canaille. Nous n'étions pas du tout là par inadvertance. Émile voulait l'entretenir de certains détails. C'est pour cela qu'il abondait prudemment dans son sens, afin de l'amadouer... J'avais tout gâché. On a dévalé la cage d'escalier. On est montés dans la Volga, qui était aussi fourbue que nous. Émile n'a pas allumé les phares, il a lentement manœuvré par des arrière-cours et des ruelles. Au check-point, notre ivresse nous a servi de sauf-conduit et on a filé sur la grand-route cabossée de Lougansk, jusqu'à un fossé où Émile s'est planté en douceur. Nous étions éreintés par cette journée, décidés à laisser la Volga où elle se trouvait, bien masquée sous un arbre aux larges branches qui nous couvrait de son feuillage estival. Émile a incliné les sièges. En guise de bonne nuit, je me souviens qu'il m'a engueulé :

— Triple *idiooot* ! N'insulte jamais leur gloire et leur honneur... Lui, il avait été décoré héros du travail socialiste... Tu as vu la misère ? Toute sa vie, il y a cru ! Aujourd'hui, ces imbéciles voudraient lui expliquer que même sa médaille soviétique est une merde qui fait de lui un saboteur et un traître à l'Ukraine !

C'était un bon gars, Émile. J'avais une chance inouïe d'être tombé sur lui. Je leur faisais la leçon, mais qu'avais-je fait de ma vie, avec mon demi-talent de musicien ? Ils regrettaient que tout s'écroulât, et moi, qu'avais-je construit ? Est-ce que la grande musique elle-même ne se portait pas mieux sous la baguette des maîtres soviétiques ? Je murmurais tout cela à haute voix. Émile s'est retourné sur le côté, face à sa vitre. L'alcool nous faisait divaguer dans les préludes du sommeil et nous tenions une conversation d'ivrognes :

— La culture, c'est important, m'a-t-il consolé. Tu sais, Vlad... Tu sais, j'ai toujours été fier d'avoir un ami chef d'orchestre.

— Je n'ai plus d'orchestre, Émile. *Niet !* Fini ! Kaput !

Je regardais les étoiles à travers le pare-brise. Quelle culture ? Le musée des Beaux-Arts de Donetsk avait été pillé par les nazis et personne n'avait jamais retrouvé la trace des œuvres dispersées à travers la Bundesrepublik. La clique du Président déchu s'était octroyé quelques-unes des dernières toiles. Du reste, le musée était logé dans une ancienne galerie marchande, au rez-de-chaussée d'un immeuble d'habitation. Ce n'était qu'une enfilade d'anciens rayons de cognacs, chocolat et autres douceurs, où pendaient les tableaux d'illustres inconnus. Le théâtre interprétait d'affreux music-halls pour dames peroxydées. L'art moderne avait investi une usine désaffectée d'isolants. Un artiste étranger y avait planté un rouge à lèvres géant au sommet de la cheminée. Une « œuvre », répétait la directrice. Les séparatistes l'avaient aussitôt dynamitée pour effacer l'outrage de la décadence occidentale.

— Émile ? Tu dors ? Tu penses quoi de l'art moderne ?

Émile a grogné. Puis cela l'a inspiré. Il s'est redressé pour ironiser :

— La guerre, est-ce de l'art ? La République de Donetsk, est-ce une œuvre ?

Il ricanait comme un soûlard.

— Une création éphémère, un gribouillis, ai-je coupé court.

L'armée ukrainienne

Le soleil dardait dur depuis son perchoir céleste et je me suis réveillé en nage. La tôle de la Volga était brûlante, les frondaisons de l'arbre n'étaient pas assez vastes. L'ombre s'amenuisait avec le zénith. Émile cuvait encore, le front appuyé sur ses mains croisées. J'ai débloqué la portière et me suis redressé dans les hautes herbes. La journée était limpide, l'éther profond. La route se trouvait juste au-dessus, sur le talus. Nous avions eu une sacrée veine de nous planter sans dommages. Nous aurions aussi bien pu rendre l'âme dans les transports de l'ébriété. La Volga n'était qu'amochée, la tôle du capot un peu froissée.

Une jungle de tiges de céréales hérissait les champs. La vue s'était mise aux couleurs du drapeau national, avec ses deux bandes jaune et bleue qu'on aime à interpréter comme du blé sous un ciel azur et immense. Un tel tableau était rare dans le Donbass. L'imaginaire national s'y trouvait moins souvent incarné par le paysage. Cela, je voulais bien le concéder. L'horizon n'était pas patriote. Alors que l'Ukraine était censée figurer un pittoresque pays, le Donbass brandissait sa nébuleuse houillère, son cortège de tuyaux et de cônes aux couleurs minérales.

Au loin, deux moissonneuses-batteuses semblaient s'être figées en plein labeur. On racontait que les Américains les confondaient avec des blindés russes sur les images de leurs satellites. À vrai dire, repeintes en kaki et équipées d'un canon, elles n'auraient pas dépareillé dans le matériel hétéroclite qui prenait part à cette guerre. Mais celles-ci chauffaient au soleil et il devait y avoir à cela une raison. Les exploitants les avaient laissées en plan pour, sans doute, s'enfuir par les sillons. Les séparatistes réquisitionnaient tout et n'importe quoi. Ils avaient décidé de collectiviser les terres confisquées aux grands bailleurs terriens. Le vieux du hameau avait raison. Les Rouges revenaient au galop.

Soudain j'ai perçu un grondement sourd et crescendo : des chenilles, des moteurs. J'ai couru vers la Volga, où Émile s'éveillait en grognant. J'ai ordonné :

— Bouge pas ! Les Ukr !

En prononçant ces mots, j'ai compris que le mal était fait dans ce fichu pays. Même moi j'employais « les Ukrainiens » pour désigner l'armée nationale. Nous avons prié pour que les soldats ne nous débusquent pas et Émile, dans les vapes, a rouspété :

— Où est le front ? Où est-on ? En République de Donetsk ? Dans celle de Lougansk ? En Ukraine ?

Le convoi est passé là-haut sur la route dans un boucan de tous les diables et nous avons enfin pu respirer. J'ai déplié la carte. Elle égrainait des toponymes éloquents : Antratsit, Stakhanov ou Ougledar, « le don du charbon ». Les mines avaient conféré leur nom aux cités-dortoirs et non le contraire. J'ai étudié les lieux en cyrillique, fouillé la carte, mais je n'ai rien su dire quant à la logique des combats.

— J'ignore où est le front, Émile. Il évolue tous les jours ! On doit être dessus…

Puisqu'on était dans le fossé, nous avons décidé de ne pas remonter sur la chaussée cabossée. Une piste en terre cerclait le champ mitoyen et nous sommes partis en cahotant dans la Volga comme deux apparatchiks soviétiques en tournée d'inspection à la campagne. Il y a eu du blé, du soja, des friches et puis un étang dans un petit bois. Ça a duré assez de temps pour que le soleil bascule de l'autre côté de la Volga. Nous avons débouché sur un bled : un coron, un terril, un puits planté d'une étoile rouge et quelques blocs d'immeubles. Des rails en fuite traversaient le bourg, où pas un chat n'errait. Nous étions tenus par une faim de loup et une migraine odieuse à cause de ce que nous avions ingurgité la veille.

Nous trouvâmes d'abord une place, négligée, aux bordures envahies de mauvaises herbes. Les dalles disjointes, la fatigue des moulures et des flèches prolongeant les bâtiments érigés à l'identique aux quatre coins n'en ôtaient pas pour autant l'aspect solennel voulu par l'architecte social-réaliste. Car la symétrie et la perspective poussaient le vice jusque dans la ruine. D'un côté, un pan s'était effondré, atteint par un obus. Sa réplique l'avait imité à l'opposé de la place. Et au milieu trônait, impérial et héroïque, un colossal mineur de fond tendant d'un bras sculpté une pépite d'anthracite, comme s'il s'était agi d'un sceptre ou d'une épée.

— Dans quelques siècles, Émile, les archéologues du futur feront des fouilles, ils concluront probablement à une civilisation du charbon ! Les touristes viendront admirer ces ouvriers déifiés dont les statues imposantes étaient érigées aux portes des cités !

Émile s'est marré. Nous avons contourné la divinité du charbon. La Volga était le seul véhicule à la ronde. Le bourg paraissait désert. Nous sommes enfin tombés sur un magasin d'alimentation, Chez Taïssia. L'entrée était doublée de grilles. Tard le soir, on commandait des bières et des croûtons à l'ail, par une meurtrière, en patientant dans la rue, comme un chien. Il fallait glisser les billets d'abord. Ces précautions étaient en vigueur dans tous les commerces d'Ukraine. Des chiens, il en paressait deux ou trois au soleil, alléchés par les largesses des clients. L'épicerie s'était installée dans un palais des sports abandonné, orné d'une fresque naïve impactée de quelques balles. La porte était encore un bel ouvrage de bois patiné, et non pas une de ces horribles imitations en plastique se substituant peu à peu au charme des temps soviétiques. L'un des battants restait clos pour préserver de la chaleur. Il était recouvert de petites annonces d'un genre nouveau : « Recherche tankiste T-72, T-64 » ou même encore : « Urgent ! Pilote de Sukhoï. » À l'intérieur, une mosaïque représentait une nageuse à la chevelure blonde et un garçon musculeux en apnée. Des demi-colonnes blanches interrompaient un bleu pastel uniforme s'étalant sur tous les murs. Des moulures d'athlètes encadraient les étalages et au-dessus des vodkas et des confiseries était inscrite une vieille devise : « Plus vite, plus haut, plus fort ! »

Il faisait presque frais dans la vaste pièce à haut plafond dont les étagères n'atteignaient pas la moitié de la verticalité malgré un escabeau. Il fallait composer son panier de derrière le comptoir, en désignant les marchandises du doigt et par leur nom. Les liqueurs étaient en évidence, les boîtes de chocolats perchées tout au sommet, comme traditionnellement. Dieu seul savait depuis combien d'années elles y traînaient et combien de saisons, de fontes et de regels elles avaient connus. Aux étages inférieurs reposaient les condiments, le sarrasin, les conserves. Dans une vitrine à température ambiante, la charcuterie s'était faite rare. Du fromage caoutchouteux gisait à ses côtés. Le seul frigo renfermait quelques sodas, des bières Sarmate et des glaces ukrainiennes – de la plombières dans un gros cornet sans goût. Quelques fruits achevaient de noircir dans une coupe. Devant nous, des moujiks bien en chair vêtus du classique treillis-kalachnikov faisaient des emplettes. Des clients les congratulaient :

— Bravo, les gars ! Sus à la révolution de Maïdan ! Vive le Donbass ! Vive la Russie !

Notre tour est arrivé de demander de l'eau minérale des Carpates et un de ces pains gris et bourratifs. On l'accommoderait de mortadelle. La vendeuse avait le ventre boudiné dans un tablier bleu à frous-frous et un calot blanc épinglé sur une blondeur artificielle. Elle se mouvait poussivement en maugréant des questions que l'on lisait aux mouvements de son rouge à lèvres vermeil. C'était sa manière à elle de se montrer diligente. Elle a fini par rassembler notre commande dans un grand soupir dégonflant sa volumineuse poitrine. Elle a posé le tout sur un bout de comptoir où traînaient un boulier usé et une calculette à grosses touches. Les prix avaient enflé comme s'ils étaient atteints d'une tumeur. Nous avons attendu qu'elle dépoussière de son chiffon le jus de tomates qui nous attendait sagement depuis des lustres. Tout était d'une lenteur provinciale, apaisante.

Soudain – la grosse vendeuse boudeuse avait à peine encaissé mes grivnas –, la petite ville a résonné d'un vacarme de sifflements, d'obus et de tirs à l'arme lourde. L'armée ukrainienne menait une offensive à l'aveuglette, sans sommation. Ils avaient dû se paumer, comme nous. Ça pleuvait de partout et l'immeuble d'en face s'est affalé sur tout un pan, découvrant un appartement coupé, avec son tapis mural pendu au-dessus du divan et une cuisine encombrée d'une table en coin et de calendriers de consortiums miniers. Émile a demandé en criant s'il y avait une cave. Mais la vendeuse s'était ratatinée derrière son comptoir et on imaginait mal comment, vu sa corpulence. Elle a seulement prononcé d'une voix plaintive en fouillant dans une armoire basse :

— Le pouvoir change à nouveau ! Ça fait trois fois… Les uns fuient, les autres reviennent… Le lendemain, c'est le contraire… Où est-il ce foutu drapeau… Il ne faut jamais jeter les drapeaux ! Sait-on jamais quand tout cela finira…

Et elle a brandi un fanion ukrainien fixé sur un mât en plastique qu'elle avait caché dans son tiroir.

Là-dessus une pluie de roquettes rebelles a répondu aux militaires, qui ont répliqué avec ce qu'ils avaient, et ainsi de suite. Des miliciens séparatistes ont reflué dans la boutique. La grosse vendeuse a promptement dissimulé le petit emblème ukrainien. On se trouvait brusquement très à l'étroit. Les tanks de l'armée sont apparus au bout de la rue. J'ai songé à Essénia pathétiquement, d'une pensée dégoulinante. J'ai ri de moi très fort mais les explosions couvraient mes sarcasmes. Parfois, on oublie ses rêves, on ne se souvient plus du bonheur. La trouille vous ramène à l'essentiel. Ce n'était pas si absurde de songer à Essénia. La fusillade faisait rage, entre les « Tac-tac-tac » pointillés des armes automatiques et les « Bakh » de l'artillerie. Les détonations se rapprochaient dangereusement. En guise de commentaire, un des clients pris au piège avec nous a supposé :

— Ce sont les *nashi*, les nôtres !

Il a braillé ça très fort à cause du vacarme mais le mot est tombé entre deux déflagrations et toutes les gueules cagoulées se sont tournées vers lui. Subitement, l'ensemble des protagonistes s'est demandé dans son for intérieur qui au juste se trouvait désigné par l'expression « les nôtres ». « Les nôtres » relevait d'une notion toute relative. Personnellement, je considérais l'ensemble des belligérants comme « les nôtres » ! Nous étions tous ukrainiens ! Les séparatistes ont laissé le bénéfice du doute au pauvre homme qui devait déjà achever sa prière au plus profond de son cœur. D'ailleurs ils étaient bien trop occupés à contre-attaquer en s'extrayant par la vitrine brisée du magasin Chez Taïssia.

Après un flottement, la valeureuse unité de Dniepropetrovsk a confirmé son assaut et la débandade a commencé pour de bon. Les combattants de la République de Lougansk – ou peut-être de Donetsk – s'égaillaient tous azimuts, dans des

Lada hors d'âge, par le labyrinthe des tuyaux et des conduits industriels, à travers la décharge. Ils avaient abandonné leurs carcasses blindées. Les hommes de Kiev se sont retrouvés maîtres du terrain et nous étions toujours coincés dans ce rez-de-chaussée dédié à l'alimentation. La garde nationale a approché dans un crissement de chenilles. Nous avons entendu le canon d'un Malyshev T-64 tourner sur sa tourelle. Un soldat nous a sommés de sortir. Émile était blanc comme un linge. À croire qu'était inscrite sur son front son insoumission. Nous ne possédions pas d'armes et nous étions peut-être les derniers dans cette région à ne pas être en tenue camouflage. Nous maintenions les mains levées et un air innocent.

Cependant des snipers embusqués sur le toit de l'ancien petit palais des sports avaient fait mouche, et on cherchait les responsables. Les résidents s'extirpaient un par un en affectant de se réjouir que l'armée de Kiev les libère des « terroristes ». Ils affichaient des sourires exagérés en claironnant :

— Vive l'Ukraine ! Vive l'Ukraine ! Vous voilà enfin !

Et ils avaient dit le contraire un quart d'heure avant aux miliciens séparatistes.

Les jeunes paras, les forces vives de la nation aux enfants uniques, nous ont regroupés sur un trottoir. Ils ont insisté plusieurs fois. Y avait-il des « terroristes » dans les caves ? Chacun regardait ses souliers empoussiérés par les plafonds qui s'étaient émiettés au rythme des explosions. Les tanks fonçaient sans s'arrêter dans la rue centrale. L'armée ne se sentait pas à son aise. Elle faisait une cible idéale pour les rafales des tireurs tapis dans les cages d'escalier. Quand ça a été notre tour de nous expliquer, j'ai écrasé le pied d'Émile et j'ai pris la parole :

— Gloire à l'Ukraine ! Quel soulagement, chers soldats ! Si j'étais une fille je vous embrasserais ! Je donnerais un concert à votre...

Les paras n'avaient pas l'air de connaître d'autre musique que celle de leurs armes. Je me suis embrouillé dans ma tirade. Émile a coupé court en montrant la Volga du doigt :

— Nous fuyons les combats. Notre voiture est là-bas.

Elle était indemne – à l'exception de la tôle qui faisait des vagues – et c'était un miracle. Les soldats nous ont fait signe de foutre le camp direction le Dniepr en nous indiquant une piste qui filait vers l'ouest. Dopés par la frousse, nous avons établi le record d'athlétisme de la jeune république séparatiste. Haletant à cause de ses poumons encrassés de poussière de charbon, Émile a mis le contact et a piqué droit vers les blés presque bons à moissonner. Derrière la première futaie il a braqué son volant vers l'est dans un large sourire. Nous ne fuirions pas avec les cohortes de réfugiés. Nous avions ce leitmotiv : ne pas quitter le Donbass sans nos dulcinées. Ce n'était pas le moment de fléchir. Et puis il y avait un sentiment inavouable, celui d'éprouver la guerre. Un alliage étrange de gaminerie et de virilité frustrée nous retenait dans la mêlée. Le péril croisait enfin nos destins. Vivre, c'était manquer de mourir. La mine et l'Opéra nous avaient castrés. Émile arborait un rictus de garnement et fonçait vers les lignes républicaines *na avos'*, au petit bonheur la chance. Revenus de leur débâcle, les miliciens canardaient les Ukrainiens, qui se dépêchaient d'évacuer. Les orgues de Staline crachaient leur feu de Dieu, amputant sauvagement le bataillon de parachutistes.

Alors, pour faire taire les rebelles, un avion de chasse a entrepris de raser la steppe avec fracas, au-dessus de nos têtes. Émile avait déjà rejoint la route par laquelle les séparatistes prenaient la poudre d'escampette. Le zinc est passé au-dessus de nous, a anéanti un tank dans une prodigieuse gerbe de flammes dorées et orangées. Le canon du char s'est planté droit dans le bas-côté. Ça claquait de toutes parts. Le Sukhoï est revenu et nous avons vu une traînée vomie par un pli de terrain fuser à la verticale. Le chasseur a piqué du nez. Je me suis retourné vers la vitre arrière. Il s'est écrasé sur un terril de mine. Émile fonçait vers la République de Donetsk devenue notre eldorado. Toutefois au premier barrage, les sécessionnistes nous ont stoppés pour réquisitionner notre Volga au nom de la Nouvelle Russie. Ils n'avaient pas l'air de badiner et nous avons obtempéré tout penauds et douchés. Un des moujiks a juré sur le tsar et tout le Politburo :

— On vous la rend demain.

Le bataillon Sitch

Ils sont partis en trombe avec la vieille Volga d'Émile et nous ont laissés en plan sur le bas-côté. Des tuyères vrombissaient. Malgré les batteries anti-aériennes qui étiraient les frontières jusqu'à la stratosphère, Kiev gardait le contrôle du ciel et infligeait de sévères débâcles aux Donbassiens. On les retrouvait déchiquetés dans les champs et dans les morgues. Elles étaient pleines à craquer de bras tchétchènes, de têtes d'Ossètes, de jambes criméennes et de pauvres gars du coin. Ce jour-là, je me souviens qu'il flottait comme un parfum de défaite amère. Les vieux MiG ravageaient les rangs des milices républicaines en dépit des fusées sol-air livrées à travers le gruyère de la frontière. La vaillante industrie aéronautique soviétique dont l'Ukraine avait hérité semait la débandade. Le ciel nous tombait sur la tête. Émile s'était couché sous un arbre tandis que j'étais allongé dans une rigole comme dans une tombe, plissant le front et les yeux très fort à chaque pétarade.

Les canons se sont soudain tus, nous nous sommes relevés prudemment au milieu de la route.

— Je vais pisser, ai-je déclaré, et je suis parti dans les sillons.

— Et si c'est miné ? a tonitrué Émile.

Il m'a fichu une trouille foudroyante. Je me suis figé dans une pose inconfortable et ai entrepris de me soulager sur une jambe en inspectant le sol alentour. Les maïs ondulaient mollement sous la brise. Un tourbillon de poussière ocre s'est levé au bout des labours. J'ai vu avec horreur des blindés approcher par les champs en couchant violemment les récoltes. J'ai occulté les explosifs antipersonnel et je me suis retourné vers Émile, qui a gueulé :

— Merde ! Revoilà l'armée, qu'est-ce qu'on va leur baratiner cette fois ?

— On est de quel bord ? ai-je demandé pour accorder nos violons.

— Pas du leur !

Ce n'était pas notre jour. En fait de militaires, s'amenait une bande de cinglés agglutinés en grappes sur de vieux tanks, à califourchon sur les canons. Ils ont déboulé avec derrière eux les ravages de leurs chenilles sur les maïs. Les tourelles étaient marquées de signes pour se signaler à l'aviation nationale. Plus d'une fois l'armée de l'air avait bombardé par mégarde les bataillons privés qui faisaient la guerre à ses côtés. Cela faisait désordre auprès des étrangers.

— *Blyaaaad...*, a juré Émile dans son plus beau russe.

Ça voulait dire « Putain de prostituée » ou bien quelque chose du genre. Émile n'était pas coutumier du vocabulaire ordurier. J'en ai déduit que nous étions dans de beaux draps. Le bataillon qui approchait était une de ces sections de volontaires hors de contrôle, dont Kiev ne pouvait pas se passer vu l'état lamentable de ses propres troupes. Parmi eux, on trouvait des nationalistes invétérés, d'authentiques fascisants, d'anciens malfrats ayant trouvé un exutoire dans la guerre, des petites frappes, des alcooliques, d'honnêtes citoyens et des mercenaires étrangers, géorgiens, lituaniens ou polonais. Ils formaient des escadrons soudoyés par des oligarques ou à la solde de partis politiques.

— Toute la lie de la Galicie, a murmuré Émile qui s'était rapproché jusqu'à me frôler. Nous sommes cuits.

Il s'est signé devant l'Éternel pendant que les chenilles défonçaient tous les plants et fixaient le cap sur nous. À une centaine de mètres, ils nous ont mis en joue en hurlant : « *Slava Ukraini !* », « Vive l'Ukraine ! ». L'un des blindés remorquait une statue de Lénine au bout d'un câble. Ils l'avaient abattue sur la place centrale du dernier bourg qu'ils avaient traversé et la traînaient en guise de trophée dans un nuage de poussière. Cela devait leur conférer le sentiment d'avoir vaincu César lui-même. Nous étions frappés de stupeur, nous attendions les balles. Je m'étais un peu reculé d'instinct vers l'arbre. J'ai toujours pensé que j'aimerais expirer sous les frondaisons, au pied d'un tronc s'élançant vers le ciel qui se nourrirait de mon corps en décomposition. Les sbires de la révolution nous ont crié fort de nous coucher, le visage contre terre. Nous avons obtempéré. J'ai embrassé les racines puissantes. Les chars faisaient trembler le sol. Des bras de gladiateurs nous ont ligotés et chargés comme deux vulgaires sacs sur une tôle brûlante, les yeux bandés.

Nous avons tressauté à l'aveuglette deux heures peut-être. Quand on nous a libéré les poignets et rendu la vue, ça a été pour percer la pénombre d'un entresol. Émile s'est exclamé :

— Crapules, assassins, plèbe des Carpates !

— Tais-toi, lui ai-je signifié.

— Bienvenue au trou, a ricané une voix dans l'obscurité.

Un séparatiste gisait au fond de la cave. On n'y voyait goutte. La voix avait un très léger accent grand-russien, pas vraiment moscovite, plutôt d'une lointaine province de l'immense fédération.

— C'est quoi le programme ? s'est enquis Émile.

— Va savoir ! a ricané l'autre. Tout dépend de leur humeur, de leur abjection. Au mieux vous prenez une branlée, au pire ils vous saignent et vos corps pourriront dans une mine désaffectée.

— Nous sommes des civils ! me suis-je exclamé.

— Justement, c'est une guerre civile ! Vous êtes du Donbass, c'est déjà trop, s'est gaussé l'autre avec un rire forcé.

Il n'était pas du coin. C'était un moujik comme il y en a des millions de la Baltique au Pacifique. Il avait ouï dire sur les ondes moscovites que Kiev voulait prohiber la langue de Pouchkine, il s'était engagé pour filer un coup de main à ses frères russophones. Il avait posé des congés et franchi la frontière fantôme. Las, il s'était fait aussitôt capturer. Son bataillon avait été pris sous le feu de l'ennemi. Le commandant improvisé, un ancien métallo du cru, avait gueulé avec son accent et ses mots locaux : « Repli derrière le terril ! » Lui était né dans les forêts de Carélie, à quelques encablures de la mer Blanche. Il ignorait jusqu'à l'existence des terrils de mine. Les hommes de la Sitch lui étaient tombés dessus. À voir son visage tuméfié, même dans le noir, il en garderait quelques souvenirs émus du Donbass.

Là-dessus, nous avons perçu des bruits de pas qui dégringolaient. Des pas lourds, soutenant des corps vigoureux. Une escouade dévalait les marches en beuglant comme des veaux : « Vive l'Ukraine ! Vive l'Ukraine ! » Un pressentiment affreux m'oppressait, une alarme intérieure stridente hurlait dans mon crâne. Les camarades se taisaient comme avant une exécution. Tout mon sang s'est retranché dans mon cœur tel un dernier rempart. Mes muscles soudain ramollis n'obéissaient plus qu'à des impulsions nerveuses. On percevait depuis les escaliers : « Ils vont payer pour nos frères. » Je sentais qu'Émile s'était raidi dans son coin et le Russe, du fond des ténèbres, a prédit placidement la scène :

— Certains des leurs ont dû y passer aujourd'hui. On va servir de lot de consolation. Ça va être la répétition générale de la mort, les gars. Ne paniquez pas… Tout est simulacre…

Et il s'est mis à balbutier.

Ils étaient une petite dizaine, ils ont branché les ampoules pour nous dévisager avec des sourires narquois, en passant leur pouce sur leur gorge dans une mauvaise grimace. « La répétition générale de la mort », comme disait l'autre. Je jouais plus vrai que nature. Le Russe a pris la première raclée. Parce qu'il était russe. L'honneur lui était forcément réservé. Il s'est recroquevillé et carapacé pour parer au châtiment. Ensuite deux larrons se sont jetés sur Émile parce qu'il supportait leur regard insolemment. À moi, ils ont flanqué torgnoles sur beignes, me rouant de coups. Par chance, ils n'avaient que leurs poings, leurs coudes, leurs genoux et leurs bottes pour nous rosser. Et puis ils ont remonté les escaliers.

La prostration et le silence ont suivi, longtemps. Chacun baignait dans sa sueur et son sang, tâtant dans le noir ses plaies pour établir son bulletin de santé. J'étais meurtri aux flancs, j'avais l'échine douloureuse, une main boursouflée. Mes cheveux crasseux tenaient droit, pris dans du sang coagulé. Mon beau nez grec avait été épargné, c'était bien là l'essentiel. Je souriais tristement de mes pensées narcissiques. Ce n'est que le lendemain qu'Émile, estomaqué et contusionné, a prononcé quelques mots pour décrire ses plaies et ses bleus presque noirs, au soleil ténu qui balayait lentement l'entresol. Nous avons pourri des jours et des jours dans cette cave. Jusqu'à fin juillet sans doute. Août peut-être.

Émile qui avait passé la moitié de sa vie dans les galeries d'anthracite s'accommodait de cette cave. Mais il était très pessimiste sur notre sort. Ces soudards-là allaient faire de nos corps une charpie. J'étais fébrile, craintif et je sursautais au moindre grincement dans l'escalier. Une cohorte de pensées me traversaient l'esprit en désordre, ravageant mon bon sens. Si on m'amputait, ne serait-ce que d'une phalange, c'en serait fini de la grande musique. Je ne vaudrais plus rien pour personne et surtout pour moi. Je n'avais jamais possédé que deux qualités, mon talent musical et ma clairvoyance envers ma médiocrité. Si l'on me privait de la première, la seconde aurait raison du reste. Un doigt et mon destin serait scellé. Et Émile qui parlait de s'en sortir pas trop amochés.

Dans cette hypothèse, il ne resterait plus qu'à s'engager en face pour se venger.

Néanmoins nous ne reçûmes plus de visites. Nous croupissions dans un silence émaillé de coups sourds et de portes lourdes. Une fois, un cri féminin témoigna à nos tympans de ce qui paraissait être un viol. On nous laissa régénérer nos chairs dans le pansement des ténèbres. Nous préférions nous-mêmes ne pas revoir le jour avant que se résorbent nos ecchymoses et nos hématomes. Notre voisin fut embarqué un matin pour être troqué. Je perdais un peu espoir en l'existence et songeais longuement à Essénia, qui se fichait sûrement de ma disparition comme de sa dernière robe d'été. Ma femme devait déjà me compter parmi les milliers de victimes qui s'additionnaient dans les colonnes de calcul des prudents observateurs internationaux. Que ne l'avais-je rejointe à Dnieprodzerjinsk au lieu de me fourrer dans ce pétrin ? Mon fils refusait de me prendre au téléphone depuis ma désertion du foyer. Je fixais inlassablement un rai de lumière qui traçait sur le sol moite la course du temps. Émile disait que, avant le peloton d'exécution, il exigerait d'écouter une dernière fois un fado d'Alfama. Je lui fredonnais quelque chose en improvisant avec des mots russes. Il emboîtait le pas d'une voix rauque et mélancolique.

Gloire à l'Ukraine !
Gloire aux héros !

Un matin, ce fut notre tour, quelqu'un nous a saisis sans ménagement par le col et nous a poussés vers la clarté. Nous n'avions aucune idée de notre position. Aveuglés par la lumière, nous avons découvert une sorte de parc avec un petit lac, des pelouses ombragées et un joli bois clairsemé. Émile m'a adressé un clin d'œil. Lui aussi avait reconnu l'endroit. C'était un complexe hôtelier à la campagne où les notables de Donetsk venaient passer leurs fins de semaine, l'été, lorsqu'ils n'avaient pas le temps de gagner la mer d'Azov ou la Crimée. Les installations luxueuses affichaient un désordre abracadabrant. Des uniformes hétéroclites pendouillaient entre les canons des chars et les tonnelles du restaurant. Les hommes épuisés et tannés se vautraient sur le délicat gazon ou bien s'étendaient sur les chaises longues, leurs armes posées sur les tables basses. Les plus courageux empaquetaient le butin de leurs pillages pour le renvoyer avec les éclopés à l'arrière du front. Le bataillon avait tout raflé : de la micro-informatique, des faux tableaux, des lampes de chevet... Des chenilles avaient labouré les parterres. Un trio se prélassait dans la piscine en s'hydratant de cocktails confisqués dans le lobby-bar.

Un barbu intronisé *de facto* « commandant » nous a toisés comme des cafards et s'est affalé tel un seigneur sur un divan en cuir déniché dans une suite de luxe. Il a entamé l'interrogatoire dans la foulée d'une voix rauque :

— Comment avez-vous eu le temps de planquer vos armes ?

Son avant-bras était tatoué d'un soleil noir. Il dirigeait le bataillon Sitch. La Sitch avait été la capitale des cosaques zaporogues quelques siècles auparavant, sur une île incrustée entre les cataractes du Dniepr. Elle accueillait le siège de ces républiques cosaques révolues où la démocratie le disputait à l'anarchisme. Les cavaliers chevauchaient par les champs sauvages essaimés de fleurs épanouies au soleil continental. En 1676, les cosaques s'étaient illustrés par une missive cinglante adressée au sultan d'Istanbul, qui leur enjoignait alors de se soumettre à ses hordes tatares. Le poète slave Apollinaire s'était amusé à imaginer la verve de ces hussards ukrainiens à la houpette légendaire :

Nous n'irons pas à tes sabbats
Poisson pourri de Salonique [...]
Ta mère fit un pet foireux
Et tu naquis de sa colique.

En revanche, ils ne purent tenir tête à Catherine la Grande. La tsarine impérieuse les mata au siècle suivant. Les hetmans libres et ivres furent domptés et incorporés dans l'armée impériale. Ce fut l'avènement de la Nouvelle Russie. La Sitch resta dans les consciences comme un mot merveilleux, renvoyant à l'existence romantique, sans peur et sans reproche des cosaques, une meute émancipée, pourfendant les empires. On visitait encore leur île dans la bien nommée ville de Zaporojie – derrière les rapides. Des bataillons baptisés Sitch, la Première Guerre mondiale en avait connu aux côtés de l'Autriche-Hongrie et puis chaque fois qu'il s'était agi de se revancher de la Russie. Les gars que nous avions en face de nous s'imaginaient les héritiers des légendaires Mazepa, Sadko ou Khmelniski et leur commandant autoproclamé déchiffrait nos passeports avec un air écœuré.

— Émile Arkadievitch… Émile ! Émile Zola ou bien quoi ! Nostalgique d'Octobre rouge ? C'est fini la lutte des classes ! Terminé l'Internationale ! Désormais, c'est le réveil des nations ! Mort aux communistes ! Vive Maïdan ! Gloire à l'Ukraine !

Les autres ont tous repris en chœur :

— Gloire à l'Ukraine ! Gloire aux héros !

— Gloire à l'Ukraine ! Gloire aux héros !

Le commandant s'est fait menaçant. Il a donné dans l'invective.

— Nous exterminerons ces terroristes ! Ils ont russifié ? Nous ukrainiserons ! De gré ou de force ! Racaille barbare ! Saleté de Russes ! Esclaves ataviques ! Eurasie despotique !

La situation était critique. Ils semblaient convaincus d'une mission divine contre le grand Turc, les barbares de Moscovie, Casimir le Polonais ou le grand-duché de Lituanie. Il ne fallait s'attendre à aucune mansuétude.

Émile a prononcé entre ses dents :

— Tu parles de cosaques ! Des ivrognes !

Il a reçu un poing dans le nombril. Ils nous ont fait nous agenouiller et nous ont forcés à entonner l'hymne ukrainien à grands coups de pied au derrière. Émile a fait exprès de chanter affreusement faux. Ensuite il fallut endurer une leçon d'histoire à la sauce nationaliste. Il s'avéra qu'Attila avait été un prince ukrainien et les Scythes leurs glorieux ancêtres. Les cosaques n'étaient-ils pas eux aussi inhumés dans des kourganes ? Tout cela dans un souk de khanats tatars, de hordes mongoles et de joug viking. Je ne concevais pas bien en quoi cela faisait de l'Ukraine une contrée moins barbare que la Russie. Mais on nous inculqua ensuite que cette dernière était née de la Rus' de Kiev, dont elle avait usurpé jusqu'au nom. Quand leur faconde revancharde a été tarie, ils ont tous aboyé :

— *Slava Ukraini !* Gloire à l'Ukraine !

— *Slava Ukraini !* Gloire à l'Ukraine !

Après ces élucubrations épiques et ce florilège lyrique, j'ai expliqué que j'étais chef d'orchestre, celui-là même qui avait tenté d'interpréter l'hymne ukrainien le 9 Mai à Donetsk. Émile a renchéri en affirmant que nous souhaitions simplement nous éclipser du Donbass, sans préciser de quel côté il comptait filer. Le commandant a fait une moue dubitative et a chargé un gros barbu de téléphoner pour vérifier si ces racontars étaient plausibles. Il avait ouï dire de ma mésaventure. Cependant le mois de mai était déjà lointain, toute une guerre avait déployé ses légions depuis, ma notoriété avait vécu.

— C'est le bon patronyme, a dit le gros dodu, après quelques appels.

— Dans ce cas dénichez-lui un instrument pour

qu'on vérifie ! Joue n'importe quoi, mais pas du Tchaïkovski ! C'est clair ?

Ils avaient visité ce modeste conservatoire voisin pour les besoins de leurs veillées. Du coffre d'un de leurs tout-terrain, parés et renforcés de plaques d'acier, ils ont brandi un accordéon puis un violon. J'ai sous-pesé les deux et j'ai confié le soufflet à Émile, qui a écarquillé les yeux. Il n'avait jamais fréquenté qu'une année l'école de musique, cassant les tympans à toute la cour que nous habitions enfants. J'ai entamé un air klezmer survolté, avec impétuosité, lançant des notes dans tous les sens. L'archet dérapait, mes doigts volaient de la volute aux ouïes. Je dévalais les gammes. Ça s'est mis à sentir la Bessarabie, les Balkans et la Moldavanka à Odessa. Émile faisait semblant à côté. Certains des gros durs dodelinaient de la tête, frileusement, prêts à se trémousser. La musique allait adoucir les mœurs et dérider ces gueules. Et puis le commandant s'est levé, furieux :

— Tu es juif ou quoi ? a-t-il tempêté.

— Non, grec..., ai-je tempéré en haussant les épaules.

— Alors, laisse tomber cette musique de tziganes yiddish. Vive l'Ukraine !

Les combattants désensorcelés se sont égosillés :

— Gloire à l'Ukraine ! Gloire aux héros !

Petlioura, le nationaliste chassé par les bolcheviques, avait été condamné en France pour ses pogroms antisémites. L'écrivain Vassili Grossman avait décrit d'une plume de sang la collaboration de certains Ukrainiens sous l'occupation nazie. J'avais été piètrement inspiré avec ce morceau klezmer. Ils ont mugi à nouveau : « *Slava Ukraini !* » Ils ont répété cent fois : « Vive l'Ukraine ! » J'ai levé l'archet, j'ai posé le violon. Le chef a changé de sujet.

— On va les vitrifier, ces toxicomanes du Donbass ! Saleté de sous-race de criminels ! Vous savez ce que c'est le Donbass ? Le royaume des avortements, des maladies vénériennes, des fumées toxiques, des déchets industriels et des adorateurs d'idoles staliniennes ! Vive l'Ukraine !

J'étais sans voix. Mon Ukraine à moi, avec ses mots russes, ses mines des plans quinquennaux, ses rivages, ses villages grecs, mon Ukraine n'existait pas pour ces gars. Ils ne la verraient jamais que comme une colonie du Kremlin. Car l'Ukraine, c'était eux. Ils en étaient dépositaires et ne sauraient tolérer de subtilités.

— Vous êtes des fils de *zek*, des descendants de la vermine des goulags que les Soviets ont envoyés au charbon. Vos femmes sont de viles prostituées. On va vous apprendre ce que c'est que l'Ukraine ! Damnée engeance ! L'Ukraine, c'est la liberté !

— Merde ! Ils se prennent pour le peuple élu ! a placé Émile en sourdine.

L'autre a entendu. Émile a pris une chaussure au visage et sa pommette sibérienne s'est mise à saigner comme un raisin écrasé. Le commandant, furibond, a fulminé :

— Crétin d'Émile, je pourrais te vendre un sacré petit paquet de dollars à des mercenaires étrangers pour une chasse à l'homme ! Hein ? Qu'en penses-tu l'Émile ? Ils te lâchent dans la nature, tu as une heure pour disparaître, ensuite ils te traquent comme une bête dans la steppe ! Ou bien préfères-tu le silo à grains ?

On racontait à travers tout le Donbass que quelques séparatistes avaient fini noyés, étouffés dans le flot des épis où le corps s'enfonce sans parvenir à surnager. Les Ukr éprouvaient un malin plaisir à faire crever les ouvriers par les blés. En face, les métallos insurgés plongeaient les nationalistes dans la fonte des hauts-fourneaux. Koulaks contre prolétaires. Le commandant a ricané bêtement sur un ton qui n'augurait rien de bon. Je tenais le violon, mes doigts suants serrés sur la volute. Émile pleurait des larmes de sang. Nous attendions le verdict comme un couperet. La sentence fut la suivante :

— Demain, on vous brocante avec de la camelote contre trois de nos héros qui sont dans les griffes de ces traîtres du Don.

— On pourrait peut-être plutôt quitter la zone ? Ma femme est à Dnieprodzerjinsk..., ai-je objecté lâchement, dans mon plus bel ukrainien.

— Va te faire voir au bain turc, s'est épanché notre affable interlocuteur dans un russe irréprochable.

Nous étions otages, raflés pour servir de monnaie d'échange contre leurs frères d'armes. Le commandant a dit à son aide de camp grassouillet d'établir la liaison avec les cosaques d'en face et de conclure l'affaire, comme si nous étions des leurs. Je me suis demandé comment les Russes nous accueilleraient. Je n'ai pas eu le temps de méditer la chose que des jurons ont retenti :

— Un drone des « sépar » ! Putain de... !

Un petit engin à hélice tournoyait au-dessus des jardins. Les guerriers avaient leur main en visière et scrutaient les airs avec acuité. Des rafales de kalachnikovs ont aussitôt visé le soleil et une cohorte de nuages. L'engin volant s'est évanoui derrière les arbres et, cinq minutes plus tard, une pluie d'obus a commencé à s'abattre en sifflant sur notre position. Tout le monde s'était déjà mis aux abris dans les entresols qui nous avaient vus gésir des jours entiers. Après le déluge, nous avons glissé une tête à l'extérieur. Les murs étaient impactés et des rais de lumière criblaient l'intérieur de l'hôtel. Dans le jardin, le décor édénique se trouvait tout haché et cisaillé. Le gros zélé a rendu compte à son chef :

— Les cosaques du Don sont d'accord pour l'échange, demain à l'aube. Et ils prétendent que ce ne sont pas eux qui canardent.

C'était la garde nationale. Le chef a eu un coup de sang terrible. Il a insulté le nouveau Président, le roi du chocolat, la princesse du gaz, le crâne d'œuf de Premier ministre révolutionnaire et toute cette armée de larves qui, non contente de se reposer sur leur bravoure sans égale, trouvait le moyen de les bombarder. Les ondes radio se sont mises à colporter des jurons pour éclaircir le mystère de cette fâcheuse bavure. Émile arborait un sourire narquois. Puisque tous les belligérants avaient la même allure et les mêmes armes, les bévues ne pouvaient être qu'inévitables. La nuit s'est abattue sur ce capharnaüm, et avant la clarté aurorale nous chevauchions un blindé qui fonçait vers un soleil se levant sur une mer de charbon. À l'entrée d'un village, nos gardiens nous ont confié les clés d'un camion. Émile a eu le culot de demander :

— Qu'est-ce qu'on convoie ?

— Du cannabis des serres locales et diverses pacotilles de contrebande. On trafique un peu avec l'ennemi, pour la survie. Ce n'est pas votre bazar. Vous avancez jusqu'au champ. Vous troquez le chargement contre nos frères et ils reviennent avec le KamAZ. Si vous déviez d'un pouce, on vous aligne.

Émile a pris le volant. Il avait manié des engins de ce genre en Afghanistan. Après cent mètres, il a dégainé son ruban de Saint-Georges du double fond d'une poche qui n'avait pas été fouillée. Il l'a raccroché sur sa poitrine avec un air rageur.

— On rentre à la maison, a-t-il précisé, laconique.

Les cosaques du Don

Les cosaques du Don, ils nous guettaient derrière des murets, coiffés de leurs *papakhas*. Nous nous débattions dans une mer d'absurde. Les belligérants se réclamaient de la cosaquerie des deux côtés du front, de celle du Dniepr comme de celle du Don. Ceux d'Ukraine étaient réduits à quelques chauvins cultivant une houppe sur un crâne rasé. Les authentiques n'existaient plus guère que dans les livres de Gogol ou de Sienkiewicz, perdus dans les limbes d'un passé chevaleresque. En cela ils étaient prêts pour l'Europe, avec leur culture muséifiée et morte.

En revanche, les cosaques du Don, eux, étaient bien et bons vivants. Émile assurait qu'ils étaient des gens droits et fiables. Ils nous ont accueillis avec une drôle de moue et la nette impression d'avoir été dupés sur la marchandise. Ils s'étaient établis dans la mairie du bourg qu'ils contrôlaient, menant une vie de seigneurs de guerre. Le fronton stalinien portait un bas-relief dans le plus pur réalisme socialiste : des prolétaires musclés et des matrones à l'ouvrage. La faucille et le marteau croisaient leurs manches au centre. Les moulures décaties laissaient voir les briques mal empilées, quelque part au milieu des années 1950. Dans ce temple de l'idéologie marxiste-léniniste, les cosaques avaient disposé un petit autel, avec une icône de la Trinité et foison de saints patrons. Émile s'est signé à genoux.

Les cosaques parlaient un russe aux intonations allochtones. C'était l'époque où les soldats du Kremlin n'avaient pas encore posé franchement les bottes sur le territoire ukrainien. On ne savait pas très bien. Il était difficile de jauger. Les rebelles locaux avaient-ils assez de ressources pour résister seuls à l'armée d'un pays tout entier ? Les volontaires et les mercenaires, eux, ne se souciaient plus depuis belle lurette de la frontière. Les cosaques en fournissaient l'exemple parfait. Je n'ai pas pu me retenir de pousser plus loin les présentations :

— Entre nous, Messieurs… Vous venez de Russie ou quoi ?

Un cosaque très fier a répondu avec évidence, feignant l'étonnement :

— Et ensuite ? Nous sommes les cosaques du Don, ici, c'est le Don…

Il n'y avait rien à redire. « Donbass » était la contraction de *donetskii basseïn*, « le bassin du Donets », un affluent du Don, à cheval sur la frontière. Le cosaque paradait comme si Catherine la Grande écrasait encore le trône de Saint-Pétersbourg sous son poids royal. Tous possédaient leur carte au parti monarchiste et leur géographie se résumait à celle des provinces impériales de la Nouvelle Russie. C'étaient des cosaques du Caucase, avec leurs habits tcherkesses et leurs récits, narrant les luttes contre les mahométans montagnards des hautes vallées. Ils avaient pris part aux campagnes de Tchétchénie avec l'armée et faisaient la loi à Rostov-sur-le-Don. En un mot, ils étaient à Poutine ce qu'ils avaient été aux tsars : des régiments postés aux frontières, une force paramilitaire officieuse des confins. Officiellement, aucune force régulière n'avait jamais posé ses bottes en Ukraine.

Les cosaques du Don n'avaient plus le torse de fer et les chevaux de feu. Désormais, c'était kalachnikovs et canons courts, pour la patrie, pour l'orthodoxie, pour leur Kouban natal, pour la Russie. Ils affirmaient qu'ils iraient jusqu'en Bessarabie – la Transnistrie –, ne plaignant « ni l'ennemi, ni leur personne » et avec l'aide de Dieu. À la guerre, d'ailleurs, point d'athées. Dieu était des deux côtés. Le patriarcat de Moscou se trouvait opposé à celui de Kiev et aux gréco-catholiques. C'était aussi une guerre d'ouailles et de mesquineries liturgiques. En face de la mairie où ils étaient vautrés, une église en chantier attendait sa dernière coupole. Les vitraux, les enluminures, le mur d'icônes, tout était prêt. Elle proposerait un recours à ceux que la vie bombardait. La sainte Russie marchait à la reconquête de la mer Noire, convaincue de sa mission eurasiatique et mystique.

Nous avons cessé de poser des questions. Chaque réponse me consternait un peu plus. C'était un conflit d'épiciers historiens et linguistes, de clergé politisé. Pour des broutilles. Je peinais à déceler la grandeur de ces infimes batailles de clocher. Émile a alors aperçu la Volga, garée à la hussarde le long d'un mur démoli. Les cosaques la tenaient des séparatistes autochtones. Ses ailes étaient cabossées, les portières étaient voilées, le pare-brise fêlé comme un lac gelé. Émile a osé :

— Pardon... Ça vous ennuie si on la récupère ?

Les cosaques ont acquiescé dans un haussement d'épaules. Il a mis le contact. La mécanique était robuste. La Volga, c'était une vaste berline à l'américaine, alors assemblée à Gorki. Les cadres du parti communiste en raffolaient. Gorki avait été renommé Nijni Novgorod après la chute du Mur et quelques milliers de Volga étaient encore sorties des chaînes de montage avant que les industries automobiles occidentale et japonaise ne la rendent totalement désuète. Émile a passé l'après-midi à bricoler dans le cambouis pour remettre la Volga à flot. De mon côté, j'ai passé le bourg au peigne fin pour mettre la main sur un violon. Les cosaques projetaient festin et réjouissances pour la veillée. Nos hôtes et sauveurs possédaient déjà bayan et balalaïka.

J'ai fait le tour du patelin quasi désert. Des pancartes mentionnant « Des gens vivent ici » pendaient aux portails des survivants pour écarter les maraudeurs sans vergogne. À travers certaines palissades, on distinguait des chars d'assaut pointant, à demi enterrés dans les jardins et les potagers. Quelques passants demandaient timidement à se faire prendre en photo à côté des guerriers en *papakha* comme ils se seraient immortalisés avec des Noirs lors d'un séjour à Zanzibar. Peut-être imaginaient-ils qu'il s'agissait d'un festival ou bien d'une reconstitution historique. J'ai fini par tomber sur un vieil homme, allant nu-pieds mais portant fièrement un veston alourdi d'une cascade de médailles. Toute sa vie au service du Parti se trouvait épinglée en breloques à une toile élimée. Contre rien au monde il n'aurait cédé ses décorations – cède-t-on ses souvenirs, marchande-t-on sa fierté ? – mais il a consenti à sacrifier son violon contre du saucisson et d'autres provisions.

— Prenez donc, m'a-t-il confié, je n'ai plus le cœur à ça… Et puis à mon âge, toutes ces danses… C'est le pouvoir qui danse ! Il y a une semaine c'était l'Ukraine, ensuite ça a été les miliciens sécessionnistes… Voilà maintenant que ce sont les cosaques ! Lénine doit se retourner dans son mausolée ! La même guerre civile qui recommence, un siècle après ! Le pouvoir change tous les jours par ici… Quelle valse !

— Ce n'est que pour un soir, grand-père… Demain je vous rends le violon.

Au crépuscule, les cosaques ont fait signe que nous pouvions nous joindre aux agapes. L'ataman avec sa barbe fournie a inauguré le banquet improvisé par une bravade qui n'était pas sans arracher un sourire, même aux plus outrés :

— *Kazaki !* Mes frères ! Le gouvernement révolutionnaire de Kiev se demande à quel titre nous nous trouvons ici, dans le Donbass. Voilà la réponse : nous sommes invités en tant que groupe folklorique ! En tournée dans la nouvelle république ! Musique !

Les gens n'étaient jamais aussi dangereux qu'avec un grand sourire. De gros rires gras ont résonné sous les voûtes staliniennes. Et puis les mêmes voix graves qui se gaussaient ont entonné des chants de toute beauté. Des jeunes se sont mis à danser le kazatchok, accroupis, lançant leurs jambes à l'horizontale. Émile était aux anges de tant de Russie et de ferveur. Les bouches ouvertes ne paraissaient jamais avoir à respirer. Un chœur parfait s'était formé spontanément sans que personne ne songe à le diriger. J'en étais presque vexé pour ma fonction. Les paroles traitaient d'amours contrariées par les campagnes militaires, de mots doux jetés par-delà des clôtures à des bergères, de cavalcades, d'adieux et de retrouvailles. Les compositions avaient toutes deux siècles d'âge. Soudain, j'ai reconnu les premières notes de l'hymne ukrainien. Je me suis retourné vers l'ataman, perplexe. Il m'a fait un clin d'œil et m'a confié :

— Ça ? Ah ! c'est un petit air populaire de chez nous, dans le Kouban. Nos ancêtres ont été déplacés vers le Don depuis la Sitch ukrainienne par Catherine la Grande ! Nous en avons hérité quelques traditions !

J'ai écouté cela avec les yeux écarquillés. J'avais été chassé comme un gueux par les pro-russes pour avoir voulu interpréter cette musique solennelle. Et ces cosaques du Don la gueulaient à pleins poumons, avec leurs paroles !

— Ataman, me suis-je permis, alors pourquoi faites-vous le coup de feu ici ?

— Parce que l'Ukraine fait partie de la sainte Russie, voyons ! C'est une vulgaire chanson populaire, pas un hymne national ! L'Ukraine n'a jamais été qu'une province, mon cher ami ! La Nouvelle Russie !

J'ai affiché une moue dubitative. Ils nommaient « nouvelle » la terre des origines... L'ataman a repris en fronçant les sourcils comme si j'étais un peu demeuré :

— L'Ukraine, mon cher, voyons, cela n'existe pas ! C'est une invention des ennemis de la sainte Russie ! Un complot pour séparer les frères slaves !

J'ai englouti tout ce qu'on me versait. Émile était déjà loin des rivages de la sobriété. Il nageait en pleine mer des alcools, emporté par une marée de cognac daghestanais. L'âme slave orientale s'est emparée de son corps. Ces fripouilles ont réveillé le diable qui dormait en lui. On a passé en revue un répertoire ensorcelant. Depuis les plafonds aériens, Lénine contemplait les fidèles du tsarisme célébrer leur entrée au Donbass rouge. La revanche des Blancs ! La troupe chantait l'*Adieu à la Slavianka*, invoquait la terre natale, faisait couler à flots des liqueurs qu'on n'avale qu'au compte-gouttes en Occident. On était malgré soi pris de l'envie de leur emboîter le pas, d'expirer pour la grâce d'une icône, pour le nouveau tsar, pour Moscou la troisième Rome. Le pope qui les accompagnait s'est levé, ils se sont agenouillés. Il a murmuré une messe basse au sujet du baptême du prince Vladimir dans les eaux du Dniepr. Les Ukrainiens l'avaient trahi en reconnaissant Rome, sous le joug de la Pologne. Il a arrosé d'encens l'assemblée, selon le rite orthodoxe de Constantinople.

Ensuite j'ai pris le violon, inspiré par l'atmosphère survoltée, j'ai joué quelques airs klezmer, mais ils m'ont aussitôt arrêté :

— Hé ! c'est juif comme musique ? Arrête cela, les juifs sabotent la Russie…

Ça ne leur avait vraiment pas plu. J'ai aussitôt changé de répertoire, la balalaïka s'est mise à vibrer de toutes ses cordes dans des aigus affûtés. Un soliste s'est lancé dans une mélodie puissante qui me rappelait vaguement quelque chose. C'était la musique de Tetris, le premier jeu vidéo soviétique, auquel nous avions consacré des semaines entières de notre jeunesse. Elle était inspirée du vieil air de *Korobeïniki* que tonitruait le chœur de l'Armée rouge lui-même. À mes côtés, l'un des cosaques était bronzé comme un Tchétchène. Émile a plaisanté :

— C'est au front qu'on prend des couleurs comme cela ?

Le gars s'est marré :

— *Da niet !* Mais non ! On a des vacances de temps à autre, on fait l'aller-retour sur Sotchi ou l'Abkhazie. La guerre, c'est un métier, nous avons le droit à nos congés payés !

Et là, ils se sont tous mis à se gausser, se tordant le ventre, accompagnés par la balalaïka qui dévalait des gammes vertigineuses. Un deuxième a révélé qu'il était revenu la veille de Crète. Il était parti se dorer la pilule sur une plage et s'aérer les orteils avant de reprendre du service. Héraklion, sa banlieue, son architecture cubique éternellement en chantier des pays du Sud, type « secteur Gaza ». Les Slaves adoraient. J'y avais été une fois, avec ma femme, en charter, destination un hôtel à petit prix et une plage bondée de peaux pâles. Une semaine à ne rien faire d'autre qu'emmagasiner de la chaleur pour l'hiver. Des affiches immenses vantaient en cyrillique les grossistes de *choubas* et de chapkas à peu de frais. Il fallait s'imaginer les dames en bikini allant essayer des manteaux de fourrure et des cuirs par quarante degrés. Ça venait de toute l'Europe de l'Est. On recensait des touristes biélorusses, serbes ou lettons. Et le personnel aussi, hôtesses, guides, femmes de ménage ; on était comme à la maison, mais sous un grand soleil.

Le cosaque rapportait tout cela comme s'il n'y

avait rien d'étrange à flâner en Grèce entre deux batailles rangées à l'obusier. Son récit s'est achevé sur une anecdote qui a ravi toute l'assistance éméchée. Un soir, dans un complexe hôtelier, une bagarre avait éclaté entre vacanciers russes et ukrainiens à propos de Maïdan et du Donbass. Les Kazakhs, les Arméniens et quelques Moldaves avaient donné un coup de main aux premiers pendant que les Allemands, les Français, les Anglais s'éloignaient prudemment, laissant les touristes de Kiev prendre une raclée.

— Ce que j'en dis moi, *kazaki*, c'est que l'Union européenne n'aime pas la bagarre ! a-t-il conclu. Elle est perdue !

C'était le moins qu'on puisse dire. L'Occident ne se battait qu'à grand renfort de sanctions économiques. La nouvelle guerre froide faisait rage, à coups d'eau minérale géorgienne proscrite, de fromage lituanien interdit, d'embargos de pommes polonaises et de petites culottes en dentelle prohibées. Le vin sucré de Crimée, lui, était devenu obligatoire à travers toute la Russie. On m'a rempli mon verre. Dans les limbes de l'ivresse, nous avons évoqué un peu les bleus flots de Méditerranée, les collines rocailleuses couronnées de remparts génois tombant dans des lagunes turquoise. Je ne comprenais plus que la moitié de ce qui se tramait. Je versais de la petite eau alentour en une libation aux dieux de la conscience. Au milieu de la nuit, je me souviens d'avoir eu un sursaut de dignité et d'avoir mentionné les aspirations bruxelloises de l'Ukraine. On m'avait fermé le clapet :

— Qu'est-ce que tu racontes là ?! Quelle Europe ? Mais l'Europe, mon cher… L'Europe, c'est pour les vacances ! Pas pour la vie !

Il y a eu encore quelques chants, quelques verres, quelques prières. Et puis chacun s'est écroulé à tour de rôle sous le déferlement de notes de la balalaïka, les corps s'emboîtaient à merveille sur le sol.

Miliciens séparatistes

Au petit matin blême, des tirs et des explosions ont déchiré le silence de l'aube et sorti tous les cosaques de leur torpeur.

L'ataman, coiffé à la hâte de sa koubanka en peau d'agneau, a grondé :

— Qu'est-ce que c'est que ce grabuge aux aurores ? C'est les Blancs ou c'est les Rouges ?

Il avait pris cet exemple comme il aurait pu dire : « C'est Hitler ou Staline ? » Tout le monde avait des gros mots à la bouche. Les cosaques avaient écrasé jusqu'au point du jour, tout habillés et chaussés de leurs bottes. Ils ont simplement redressé leurs toques et commencé à riposter à l'aide d'une batterie Grad montée sur un rustique camion Oural. *Grad* désigne la grêle en russe. C'était de l'artillerie grossière, sommaire et imprécise, une grosse pétoire de guerre. Les salves fêtaient le lever du soleil. Cela ressemblait aux fameux lance-fusées Katioucha de la Seconde Guerre mondiale, les légendaires orgues de Staline avec leurs tubes alignés qui crachaient un feu aléatoire. L'ataman s'est retourné et a précisé :

— De Poutine, les gars, les orgues de Poutine !

L'orage gronda quelques minutes et puis, à force de canarder, on vit la lueur d'un blindé en flammes à l'horizon. Le reste de la colonne fuyait plein est, vers la Russie. L'ataman ne parvenait pas à déterminer s'il s'agissait d'une offensive et hurlait dans sa radio :

— Où vont-ils, ces Ukr de malheur ? Qu'est-ce que c'est que cette cavale ?

— Ce sont peut-être des séparatistes locaux ? a hésité une voix au bout des ondes.

— Des mineurs, des métallos, des tractoristes ? Et quoi encore ?! a ironisé l'ataman.

— J'ai compris ! a éclairé l'éclaireur.

— Eh bien quoi ? a grondé l'ataman.

— Ils sont encerclés, ils percent nos lignes pour aller se rendre aux gardes-frontières russes.

Les cosaques ont cessé d'arroser la steppe aride. L'ataman a retiré sa toque d'agneau pour se gratter le crâne.

— C'est courant comme stratégie ? s'est enquis Émile.

— Très ! a confirmé l'ataman. Si les Ukrainiens tombent entre les mains des autochtones, ils risquent, disons, quelques sévices corporels... Du genre de ce que vous avez subi ou bien pire encore ! Aussi, quand la retraite est coupée, ils filent en Russie... Là-bas, ils sont arrêtés et désarmés dans les règles de l'art par une armée conventionnelle.

À ce moment-là, un cosaque a signalé en sifflant une autre colonne qui soulevait une poussière ocre au loin.

— C'est quoi encore ce foutoir ? a râlé l'ataman.

— Leurs poursuivants, a supposé l'éclaireur.

Ces derniers se sont dirigés vers nous dans

un nuage de particules. Une file de blindés hors d'âge et de drapeaux claquant au vent a stoppé sur l'asphalte brûlant. C'était de la ferraille soviétique prise à l'armée ukrainienne. Ils les avaient repeints à leurs couleurs, celles de la République de Donetsk. Les hommes étaient hâlés par l'été torride. Leurs muscles de cuivre se contractaient en portant les lance-roquettes, la sueur lustrait leurs fronts. Ils étaient chaussés de baskets et ceints de genouillères, ressemblant plus à des volleyeurs qu'à des soldats. C'était cela la guerre moderne, de la mobilité, des plongeons, un exercice urbain. Leur chef a déclaré :

— Hé, les cosaques, vous êtes des moujiks ou bien quoi ?

Et il a désigné le cortège ukrainien qui se fondait dans la chaleur déformant l'horizon.

— Vous ne pouviez pas les dégommer, non ?

— Chacun ses affaires, a répliqué l'ataman, et il s'est signé en commençant par l'épaule droite, comme si l'autre était un impie. À qui ai-je l'honneur ?

— Tchapaev ! a répondu le chef. Appelez-moi Tchapaev !

Je contemplais cette scène en écarquillant les yeux. Sur l'un des blindés pendouillait un portrait de Lénine. La sainte Russie et les nostalgiques de Marx se battaient dans le même camp. Le général blanc Denikine n'avait-il pas soutenu l'Armée rouge contre Hitler depuis son exil dans le Michigan ? Une alliance sacrée, un syncrétisme idéologique – Nouvelle Russie et République populaire faisaient bloc. La Russie moderne n'était qu'une fusion de ses anciens avatars. La terre natale et la patrie ne souffraient pas de politique. Cependant chacun s'occupait de ses batailles. Les cosaques de l'empire n'avaient-ils pas réprimé les grèves de mineurs à coups de fouet pendant Octobre rouge ?

Un des insurgés a dévisagé avec suspicion Émile, la Volga et ma gueule de Grec. J'ai détourné le regard, feignant l'insouciance, le front plissé, les mains dans les poches. Le vieux qui m'avait prêté son violon s'acheminait à petits pas sur un trottoir lointain, j'ai saisi l'occasion. Je me suis éloigné avec l'instrument en trottinant. Il s'est figé pour m'attendre. Sans me saluer, il m'a chuchoté en toisant les miliciens séparatistes :

— Et voilà, le pouvoir va encore changer dans cette ville !

Puis il a saisi la volute dans son poing.

Je suis revenu sur mes pas. Pour tout accueil, j'ai entendu cette phrase terrible prononcée sur un ton caustique :

— Quoi donc ? Ça existe encore des moujiks en civil ? Dites alors, vous roulez pour qui ? Vous savez ce que j'en pense de vos frusques ? La neutralité est une trahison ! Nous crevons pour défendre le Donbass et vous, vous vous faites une petite virée entre amis ?!

Nous nous en sommes sortis en marmonnant que nous étions prisonniers la veille encore. Cette détention et la raclée de nos ravisseurs constituaient notre plus sûr viatique.

— Le bataillon Sitch ? a demandé ledit Tchapaev.

— C'est ce qu'ils ont prétendu, a lâché Émile, qui était plus crédible avec ses pommettes encore entaillées.

— Ah ! on en a capturé quelques-uns qui

s'étaient égarés ce matin. Je vous les offre en pâture !

Et puis il nous a annoncé qu'on serait le soir même dans une fonderie. Nous aurions le privilège de nous venger en poussant ces nazillons dans le métal en fusion. Cela graverait dans le marbre notre engagement. Ce serait notre baptême. L'ataman nous a donné une grande tape amicale dans le dos pour nous féliciter par avance. Je me sentais pâle comme un linge. J'espérais que le soleil brûlant tannait ma chair de poule et dissimulait mes états d'âme. J'imaginais déjà le haut-fourneau Martin d'une usine métallurgique. J'avais visité celui de Donetsk une fois, avec ses rivières de fonte s'écoulant vers les wagons dans un vacarme fracassant de géhenne. Des rigoles d'un feu incandescent et visqueux captivaient le regard. Au coucher du soleil, nous n'aurions d'autre choix que de plonger ces compatriotes dans la lave, qui charrierait leurs cadavres calcinés. Nous deviendrions alors *ad vitam aeternam* des soldats de la République de Donetsk. Mon nom de guerre serait « le Grec ».

La vérité, c'est que nous étions des ânes de rôder ainsi avec désinvolture et négligence. Étions-nous d'éperdus romantiques ou de déplorables idiots ? Qu'avions-nous besoin de cette bravade mortifère ? Tuer me semblait plus hideux encore que la mort elle-même. Émile semblait ruminer les mêmes pensées au sujet de nos tribulations. Il s'est mis au volant, j'ai fait de la place sur la banquette arrière. Trois séparatistes s'y sont serrés et nous ont enjoint d'embrayer à la suite des blindés et d'un Hummer américain confisqué aux Ukrainiens. Nous avons fait un signe de la main aux cosaques en guise d'adieu. Ils nous ont bénis d'un signe de croix à trois doigts. Un des passagers a commenté :

— Putains de cosaques. Ils débarquent de Russie avec leurs déguisements et ils se croient tout permis.

Nous rôtissions dans la carlingue. Le pare-brise teinté sur les bords bleuissait l'horizon d'une nuance céruléenne et sombre. La prairie était roussie. Les seigles se dressaient au garde-à-vous, presque immobiles. Le monde attendait la brise. Au hasard des pensées que brassait mon cerveau en roue libre s'est présentée cette lecture d'un livre de Tchekhov, *La Steppe*, l'histoire d'un gamin arpentant le sud de l'Empire russe dans une carriole de marchands. Tchekhov était né à Taganrog, immédiatement après la frontière. Il avait traversé le Donbass avant la découverte du charbon, avant la colonisation, avant Donetsk. Et il avait écrit *La Steppe*, un texte sur une plaine sèche et déserte… Les séparatistes nous apostrophaient depuis la banquette arrière, entassés comme des sardines, énonçant :

— Nous n'avons rien contre l'Ukraine… Au contraire… Mais vous ne pouvez pas rester les bras croisés et laisser…

— Les fascistes de Kiev nous massacrer…

— L'Otan poser ses bottes sur notre terre mère…

— La vermine étrangère baiser nos femmes…

— Le gaz de schiste saloper la steppe…

— Le maïs transgénique polluer nos blés !

Ils nous tutoyaient comme des frères d'armes ou des compagnons de bouteille. L'un d'eux avait perdu son rejeton au combat, brûlé vif dans son tank, vingt ans. L'engrenage de la vengeance pesait au moins autant que leurs griefs initiaux. Et ils répétaient leur mantra pour ne laisser aucun interstice au doute, aucun pore à l'hésitation. La Transcarpatie, la Bucovine, l'archiduché d'Autriche et le royaume de Bohême, cela ne leur parlait guère. Ils ne connaissaient que l'histoire des tsars et des premiers secrétaires du parti communiste. Le Donbass avait moins à voir avec l'Europe que Saint-Pétersbourg lui-même. La paranoïa menait ses soldats. Je n'ai pu que tromper leur agressivité en compatissant avec sincérité :

— Je suis vraiment désolé pour votre fils…

Je ne voulais surtout pas dévoiler que j'en avais un, de fiston, à peine majeur et potentiellement réquisitionnable par les deux camps. Je l'ai soudain revu, chez ma mère, au village de Bougas. Il lui ressemblait autant qu'à moi. Il assaillait sa grand-mère de questions sur l'odyssée des Grecs d'Ukraine, en quête de lui-même, en quête d'Europe, je crois. Il s'était renseigné pour revendiquer ses racines helléniques et faire valoir ses droits à la nationalité. Athènes reconnaissait le *jus sanguinis*. Il y avait un consulat à Marioupol, sur la mer d'Azov. Ma mère, qui avait fait son premier voyage en Grèce comme un pèlerinage à la chute du Mur, lui avait dressé le tableau idyllique d'une terre promise et sacrée. Elle n'en avait pas pour autant quitté le Donbass, de peur d'être considérée là-bas comme une immigrée slave et une citoyenne de seconde zone. À l'époque, des milliers de citoyens ex-soviétiques étaient appelés par le large et l'esquisse d'un avenir de haute volée. Dans toute l'ex-URSS, des communautés d'origines diverses tentaient de rejoindre leurs lointains ports, à la faveur de lois sur le retour promulguées par Israël, l'Allemagne, la Pologne, la Hongrie et d'autres encore. Ma mère avait palpé l'Acropole et embrassé cette terre mythique dont l'évocation se transmettait dans les familles depuis des temps immémoriaux.

L'Ukraine s'était vidée de ses enfants par vagues successives. Les origines offraient des perspectives. On se gargarisait d'un sang longtemps ignoré. Une nouvelle lame de fond, puissante et inattendue, venait balayer les forces vives encore au pays. Elle emporterait dans son rouleau d'écume les fraîches générations. Mon fils rêvait de s'envoler pour les Balkans. Il s'en servirait comme rampe de lancement pour Londres, Genève, qu'importe. Ma femme était rongée à la seule pensée que son fils unique et chéri puisse s'envoler loin du nid. Je l'encourageais secrètement à ne rien renier de ses ambitions tout en lui imposant de ne pas franchir l'Atlantique. J'avais dans l'idée que la famille devait demeurer sur le même continent, unie par la même plaque tectonique. Sur un continent, rien n'est infranchissable. En cas de malheur, on se retrouverait. On cheminerait par les campagnes et les montagnes. Surtout, ne laisser aucun océan entre nous. Et puis, « Un Vladlenovitch ne peut s'en aller en Amérique, plaisantais-je. Ce serait sacrilège ! ». J'étais fier des aspirations filiales. Il avait la vie devant lui… Lui et tous les garçons de son âge qui trépassaient par les flammes dans des blindés rouillés. Émile m'a sorti de mes pensées en rompant le silence pour s'adresser aux séparatistes :

— Au fait, où allons-nous ?

— À l'usine de coke du coin. Un oligarque nous paie pour qu'il ne lui arrive rien de fâcheux…

— Vous la protégez de qui ?

— Des bataillons ukrainiens, pardieu ! Les hommes d'affaires de Dniepropetrovsk les financent pour endommager les industries des Donetskiens. Ceux qui vous ont rossés, par exemple.

Je toisais Émile en coin. Il gardait les yeux rivés sur la mauvaise route. Tout le Donbass sensé avait depuis belle lurette rejoint des contrées plus civilisées. Il n'y avait plus que nous. Émile devait cogiter dur car, lorsque le blindé de devant a pilé, nous avons manqué de le tamponner. La colonne faisait halte au bord du canal Seversky Donets, l'oasis des steppes. L'extraction de l'anthracite, la fonte du métal exigeaient des quantités d'eau colossales. Le Donbass était privé de rivières ou presque. Les Soviets avaient creusé et dragué cette voie vitale juste après avoir refoulé les nazis. Elle était là devant nous, avec son tracé rectiligne et ses méandres sans poésie d'ingénieurs hydrauliques, comme une rainure dans la steppe. Sans ce canal, le Donbass crevait de soif.

Avec Émile, nous avons dévalé le talus jusqu'à l'eau, à la suite de nos passagers. Les uniformes dépareillés étaient ôtés et immergés dans le canal. Les soldats improvisés se rafraîchissaient après ces journées de combat dans la fournaise estivale. Puis la petite troupe reflua vers l'ombre des rares bosquets. Elle était composée pêle-mêle de déserteurs, d'anciens policiers, d'ouvriers, de réparateurs de climatiseurs, de vigiles de boîtes de nuit et de qui sais-je encore. Ils déballèrent ce qu'on appelle chez les mineurs du Donbass un *tormozok*, un casse-croûte de pain noir et de *salo*, du lard. Un grand énergumène buriné avait extrait du ventre de son tank des enceintes rudimentaires pour égayer le pique-nique. Elles crachaient quelques classiques de la Seconde Guerre mondiale :

Lève-toi, pays immense
Lève-toi, pour un combat à mort
Contre la sombre horde fasciste
Contre la horde maudite.

La résonance de la grande guerre patriotique était celle d'un puits sans fond. Les Européens n'y comprenaient rien. Nous étions dans de beaux draps. Ils ont encouragé Émile à entonner le refrain. Il n'a pas eu trop à se forcer. Je me suis éloigné pour m'asperger à nouveau d'eau froide et tenter d'y voir plus clair, fuguer peut-être. Nous n'allions tout de même pas servir dans ce bataillon foireux, inféodé à une cause passéiste ! En fait d'évasion, j'admirais, tel un Narcisse désabusé, le reflet de mon visage sans courage. Je n'en menais pas large quand, charrié par le courant imperceptible, je vis s'amener, flottant entre deux eaux, une étrange chose. J'ai fini par reconnaître une tête décapitée, gonflée et décomposée qui semblait me dévisager de ses yeux globuleux. Mes sourcils se sont contractés de dégoût et mon regard médusé fixait la mort. Un séparatiste s'est amené avec une branche pour empaler le crâne, qu'il a extrait du canal. Il a crié :

— *Blyad*, putain ! Quelqu'un le connaît ? C'est un fasciste ou un des nôtres ?

J'étais écœuré. J'ai contemplé tous ces gars, perclus de certitudes – lesquelles ? – avec leurs bazookas, leurs coutelas, leurs rires gras et leurs marches militaires. Je me suis juré de n'appuyer sur aucune gâchette. Dans aucun camp. Plutôt crever. Le ciel a entendu ma prière. Un petit drone est passé comme un nuage. Puis ça a grondé tel un orage. Une bordée de feu s'est abattue sur l'arbre au pied duquel ils déjeunaient, dans une bronca de tous les diables. J'ai couru. Je me suis tapi dans les herbes pour ne plus remuer un orteil. À aucun prix. Une fourmi escaladait mon visage, une sauterelle remontait ma manche. Une vipère aurait rampé que je l'aurais laissée m'enlacer. J'ignore combien de temps ont duré ma prostration et les sifflements d'obus. Quand les salves se sont estompées, je me suis relevé avec crainte. J'ai vu l'arbre au pied duquel ils gisaient tous, broyés. Son tronc était haché. Et soudain j'ai songé à Émile.

Je me suis déplacé à plat ventre, comme je pouvais, me cognant les os et les genoux. Je me suis rapproché à pas de loup, en quête de rescapés. Un jeune séparatiste déchiqueté mourait, le ventre ouvert. Mort pour ladite République de Donetsk, ai-je pensé malgré moi. Saugrenu. Ses camarades étaient éparpillés, membres pêle-mêle et aspergés de sang que la terre buvait goulûment. Des mouches s'abreuvaient déjà sur les plaies béantes. On percevait leur bourdonnement dans la chaleur et le silence. Tous mes sens étaient saturés par la mort, y compris l'olfactif, qui me donnait une nausée insistante. Pas un râle. Une tragédie au bord de l'eau. Émile…

Émile, je l'ai trouvé dans le tas. Je n'ai pas d'autre mot. Il fixait le ciel pommelé avec des yeux grands ouverts. Les paupières des cadavres ne sont jamais closes. Mais son regard n'avait pas cet aspect vitrifié. J'ai bondi vers lui, il m'a souri, livide, puis a esquissé une grimace. Il s'est mis à insulter les Ukrainiens par bribes et il s'est redressé en chancelant.

L'hôpital

Émile avait été touché salement à l'épaule. Un éclat. Branle-bas de combat. Je l'ai traîné jusqu'à la Volga. J'ai empoigné le large volant et démarré en trombe en zigzaguant entre les blindés calcinés parmi lesquels erraient quelques ombres hagardes et amochées. On a roulé comme cela jusqu'à la ville suivante. Les rarissimes passants rasaient hâtivement les murs. Les jeunes craignaient les rafles séparatistes destinées à renflouer les effectifs rachitiques et clairsemés. Un vieillard a fini par m'indiquer l'hôpital. Tout était d'époque, celle de Brejnev au moins, et c'en était triste à pleurer. L'accueil ressemblait à celui d'une cantine, les sommiers des chambres touchaient le plancher, l'électricité était bonne pour le musée, les plâtres pendaient en lambeaux. Les couloirs étaient pleins à craquer, ça puait et ça râlait dans tous les recoins. On a montré l'épaule d'Émile et une dame peroxydée vêtue d'une blouse blanche a ordonné :

— Patientez là ! Vous voyez bien que vous n'êtes pas seuls !

On s'est assis par terre, c'est toute la place qu'il

restait. Le temps s'est mis à défiler au rythme des blessés livrés par les KamAZ. La plupart étaient mutilés, leurs treillis kaki se teintaient de pourpre. Les brancards penchaient, les infirmiers s'improvisaient. Il y avait des affichettes pour faire don de son sang aux héros de la DNR, la République populaire. Les médecins qui n'avaient pas fui officiaient avec des internes rameutés de force depuis Donetsk. Parmi eux, des étudiants africains faisaient leurs armes sur les éclopés les plus légers. Pour les grands brûlés, les vénérables chirurgiens des mines avaient été réquisitionnés.

Une petite fille de huit ans avait été écrasée par les chenilles d'un tank anonyme. Un pilote éméché ou bien novice. Tous les péquins du coin s'improvisaient militaires. La foule des estropiés s'est soudain tue dans le corridor, même ceux qui rendaient l'âme. Je ne sais ce qui, de l'hommage ou de la consternation, provoqua ce grand silence. Un homme a apporté un cercueil pareil à un jouet. Il me semblait percevoir les chuchotements d'une enfant solitaire, jouant avec les héros de son imaginaire, entre onomatopées et dialogues fantastiques. Mon fils avait grandi ainsi, à l'écart des autres, sans simagrées, plongé dans un monde hermétique et impénétrable. Cette petite-là, je l'imaginais valser avec des ombres dans un concert de murmures parce que je repensais à mon garçon à son âge et, comme toute l'assemblée du couloir, je mesurais l'ampleur de l'horreur à l'aune de ma marmaille. Des mains d'hommes ont couché la dépouille minuscule. Ils ont emporté l'enfant au visage d'ange à travers la haie d'honneur des mourants et des blessés graves. Sa mère hurlait à la mort et j'entendais toujours une rumeur enfantine.

J'avais le cœur en miettes. Je soupçonnais Émile de simuler une douleur aiguë et de garder closes ses paupières afin de ne pas suivre du regard cette petite caisse en bois qui disparaissait derrière une porte aux battants ne voulant pas se refermer tout à fait sur ce tableau navrant.

Cette scène-là a jeté un grand froid. La lutte fauchait les bambins. Les guerriers esquintés arboraient tous des mines marries. Mais, en face, la grosse dame de l'accueil en avait vu d'autres et nous toisait suspicieusement :

— Dites donc, vous, vous êtes d'ici ? Dans quel quartier êtes-vous domiciliés ?

— C'est la guerre, j'ai dit, on s'en fout de votre bureaucratie, soignez-le !

Sans vergogne, elle faisait la moue comme on fait l'aumône. Magnanime, je lui ai promis de faire un geste de « bienfaisance ». Ma générosité a semblé l'amadouer. Elle m'a invité à me présenter sans plus attendre pour remplir des formulaires dans son cabinet. J'ai refermé la porte et posé une liasse sur la table. Elle s'est mise à se plaindre que Kiev ait cessé de régler les émoluments des personnels médicaux. L'Ukraine avait abandonné le Donbass à son sort. « Les pensions ne tombent plus, voyez-vous », « Les salaires sont retenus »... Je n'ai pas demandé si c'était une allusion. J'ai remis quelques billets sur son bureau avec sagacité. Elle a conclu l'accord d'une voix outragée :

— Patientez dans le couloir, votre Émile n'est pas prioritaire, vous avez vu l'état de nos gars ?

Quand ma femme avait eu l'appendicite, le docteur m'avait pris en aparté pour savoir si nous désirions « une grande ou une petite cicatrice ». Les tarifs variaient du simple au triple. Pour la balafre discrète, c'était plus onéreux. Ma femme avait déclaré ensuite en riant que, quand je la quitterais, elle scruterait à la plage la taille des cicatrices des hommes pour deviner s'ils avaient les moyens de la promener dans des restaurants chics ou en voyage à Bali. Elle aurait tout loisir désormais d'écrémer les mâles à la longueur de leurs entailles. La corruption s'attaquait jusqu'à nos corps. Et il ne s'agissait plus d'esthétique mais de réparer Émile.

Nous nous sommes enfin affalés sur des sièges aussi piteux que les blessés qui défilaient. Une vieille dame se lamentait à travers les couloirs en appelant son fils unique qu'elle ne trouvait nulle part. Elle insultait ouvertement les séparatistes, qui se toisaient en coin pour savoir qui la ferait taire. Elle hurlait qu'ils étaient la cause de toutes ces calamités. Le soleil déclinait franchement quand ils ont appelé Émile, qui râlait d'autant plus fort qu'il se savait hors de danger. Mais, quand la main fine et féminine de l'infirmière s'est posée délicatement sur les bords de sa blessure, il a ressuscité sans crier gare. Elle l'a conduit sur une civière dans un bloc opératoire ressemblant à n'importe quel rez-de-chaussée khrouchtchévien. On l'avait sobrement repeint en blanc pour évoquer une vague ressemblance avec un hôpital.

Le médecin se prénommait Naël, il venait de Beyrouth. Dans un russe erroné et des accents mal placés, il a donné quelques consignes et puis il s'est retiré dans un petit cabinet. Je me suis demandé s'il relisait son manuel avant l'opération, comme Boulgakov le confie dans ses *Récits d'un jeune médecin*. L'infirmière nous a rassurés. Il était interne et parmi les meilleurs. Certes, il confondait un peu les termes car la littérature médicale était rédigée en ukrainien, alors que les chirurgiens professaient en russe. Mais il avait été formé par un bon vieux docteur soviétique. Pour des éclats d'obus, il ferait l'affaire. L'URSS en avait connu, des éclats d'obus ! Cela aurait été une autre affaire s'il s'était agi d'une correction laser de la cornée. Mais des éclats d'obus ! Pensez-vous ! Est-ce qu'on ne savait pas faire ?

En revanche, l'infirmière a vite annoncé la couleur : « On a l'homme mais pas le matériel. » La pharmacie était vide. Elle avait travaillé en Libye avant la révolution (une autre). Elle a raconté qu'à Tripoli les hôpitaux étaient autrement mieux fournis. Voilà que nous nous classions derrière l'Afrique ! Et c'était après avoir propulsé Gagarine dans le cosmos ! Tout ce que l'hôpital possédait désormais provenait d'un convoi humanitaire de Russie. Les bandes venaient de Riazan, le désinfectant de Voronej, les médicaments de la banlieue de Moscou. Il y avait aussi quelques restes des fameux laboratoires de Kharkov. J'ai été chargé d'acquérir tout le nécessaire. Le jeune Libanais a anesthésié Émile en surface. Lequel Émile s'est mis à proférer un tas d'âneries et à contenir des rugissements. J'ai proposé une poignée de grivnas pour qu'on l'endorme proprement mais l'argent avait perdu son pouvoir magique. Il n'y avait plus rien à soudoyer.

Nous avons remercié chaudement Naël en lui demandant malgré tout pourquoi il traînait encore ses basques dans le Donbass.

— C'est pas ta guerre, a dit Émile, tu ferais mieux de rentrer au soleil du Liban maronite. Laisse tomber, il n'y a rien de bon à attendre de ce pays pourri !

— C'est même pas la nôtre de guerre, ai-je ajouté, c'est celle du tsar, du roi du chocolat, des princes du charbon et de l'Occident outre-Atlantique.

— Poutine au moins défend les chrétiens d'Orient, a rétorqué Naël. Et puis on ne va pas laisser les gens crever en s'enfuyant !

Des Naël, des Mohamed, des Douala, l'université de médecine de Donetsk en était pleine à craquer avant toutes ces plaies. Les diplômes ukrainiens avaient encore la cote dans les bleds de l'Atlas, sur les rivages de l'Atlantique Sud, en Algérie, au Congo, au Mozambique, partout où l'URSS avait placé ses pions dans le sillage de la décolonisation. Les étudiants du continent noir – on ne se sent jamais aussi noir que chez les Slaves – revenaient au pays munis de certificats en cyrillique. Ils les encadraient bien en vue dans leurs pharmacies ou leurs cabinets ventilés par de grosses pales. Des plaques vantaient leurs cursus au Donbass sur les murs décrépis et tannés de soleil du Maroc ou de Tunisie. C'était un gage de grand savoir que d'avoir réussi ses études en URSS, une garantie d'excellence sous les tropiques et l'équateur. Broutille que cette indépendance ukrainienne, les docteurs expliquaient à leurs patients qu'il s'agissait bien de l'Union, celle de l'Internationale et des spoutniks.

Nous sommes sortis. Dans le couloir, la babouchka hurlait toujours au milieu des blessés épuisés. Émile s'est énervé.

— On dégage, Vladlen. Je connais un type, au carreau de la mine voisine.

Après quelques coups de fil, Émile a mis la main sur des collègues qui n'avaient pas décampé. La mine tournait au ralenti, au hasard des combats, des obus et des gueules noires. Ils nous ont introduits dans le carreau, qui possédait un petit sanatorium pour le personnel, faisant office de vacances au soleil pour les mineurs. Une petite salle des sels était censée soigner leurs poumons encrassés et prévenir silicose et autres pneumoconiose. C'était aussi kitsch qu'apaisant et certainement placebo. Des cascades cristallines en posters se déversaient sur des fleurs en plastique. Les parois et le sol étaient en sel de la mine voisine de Soledar, une saline souterraine. C'était cela le Donbass, des océans évaporés, des gisements millénaires. Nous avons allongé Émile sur une chaise longue avec son épaule abîmée. Il s'est reposé là, et puis je l'ai monté dans la chambre dont on nous avait confié les clés.

Nous nous sommes retrouvés dans une pièce immense coiffée d'un plafond intouchable. Une copie factice de nature morte trônait au-dessus de chaque lit dans un cadre en or. Un des sommiers était agrémenté d'un couvre-lit rose bonbon sur lequel reposait un coussin de même couleur en forme de cœur. C'était du plus mauvais goût et foncièrement pénible de se retrouver entre soupirants éconduits devant un lit d'amour. Cette chambre devait être louée pour des nuits de noces après des mariages à petit budget. D'un commun accord, nous avons relégué l'oreiller Cupidon au placard. Émile a ôté prestement le couvre-lit rose, qui connut le même destin. La chambre a pris aussitôt un aspect plus respirable à deux hommes en quête de leurs dulcinées évaporées.

Ensuite nous avons rendu visite au hammam. Il était tard mais aucun de nous deux n'était fin prêt pour les rêves. Émile avait déjà eu sa dose de morphine. D'autant que l'étuve était belle comme un paradis, recouvert de faïences. À travers la vapeur brûlante et les brumes, on apercevait un arbre d'abondance aux branches ployant sous des fruits juteux ; un oranger comme on les peint dans les triptyques bibliques, un jardin d'Éden. Nous étions nus à ses pieds, avachis sur les banquettes, ceints de linges blancs. Les gouttes chaudes pleuvaient du plafond. Nous suions nos eaux intérieures. Nos pores se dilataient dans la lumière tamisée, nos corps éreintés se relaxaient aux battements du cœur. Émile s'est remémoré les bains turcs de Budapest, où il avait infligé un mat en dix coups à un vieux Hongrois sur un échiquier flottant. C'était après l'Afghanistan, il avait achevé son service militaire sur le rideau de fer.

J'ai fixé très longtemps l'oranger, son bouquet d'agrumes et la symétrie de ses feuillages. Sa représentation naïve me bouleversait plus que n'importe quelle toile de maître. Nous nous sommes levés tranquillement pour aller nous asperger d'eau froide avant de monter siroter un verre sur le balcon de notre chambre. Il s'agissait de laisser décanter nos pensées troubles. Des idées noires faisaient surface. D'ordinaire, elles stagnaient dans les sombres profondeurs de nos âmes, mais les événements de ces derniers jours avaient remué la crasse cérébrale. Elle retomberait lentement vers le fond. Émile fumait de son bras valide. Il a annoncé placidement, en crachant ses volutes dans le soir d'été :

— Tiens, un lion ! Regarde !

En face de notre balcon, un fauve à crinière quittait sa tanière à la faveur de la nuit tombée.

J'ai songé à l'oranger. Des éclairs dans les ténèbres n'auraient pas plus contrasté que cette bête exotique au fin fond du Donbass.

— En voilà un drame, encore ! C'est dans l'ordre des choses que des fauves se promènent dans une mine de charbon ?

— Du calme, Vladlen. Ça arrive, oui, pour les dimanches des familles d'ouvriers. Beaucoup d'usines entretiennent de modestes *zoopark*. La direction est, comment dire... paternelle ! Elle pallie l'absence de l'État. Les oligarques ont remplacé le parti communiste. Tu le sais bien, mon vieux. Ils en tirent une certaine popularité...

— Je pensais qu'ils se contentaient de soutenir des clubs de foot...

— Et quelle différence ? Des gladiateurs dans une arène... *Panem et circenses !* Du pain et des jeux !

À Donetsk, le club de football pour lequel travaillait désormais Zlata relevait du même principe. Les mineurs se rendaient dans la Donbass Arena pour un prix dérisoire. Dans une loge impériale, l'oligarque dégustait du caviar en levant princièrement les bras à chaque victoire. Le peuple du Donbass jubilait. Émile s'est souvenu que des pilotes de contrebande avaient ramené au hasard de leurs vols africains quelques bêtes sauvages capturées par des braconniers. Elles respiraient désormais des particules lourdes et les fumées des cokeries. J'ai tendu le bras vers l'interrupteur pour éteindre la lumière à l'intérieur. Nos yeux se sont habitués à l'obscurité. Ça remuait dans les cages et les volières voisines. Comme dans tous les zoos d'origine soviétique, coexistaient surtout des espèces d'Eurasie : des kulans du Turkménistan, un ours d'Oussouri, un cheval de Prjevalski ou des mouflons du Haut-Badakhchan tadjik.

— C'est dingue, même nos zoos n'ont rien d'européen, ai-je lâché.

Émile n'a pas bronché, il a fumé sa cigarette toxique jusqu'au filtre et contemplé les animaux qui revivaient à la faveur de l'obscurité et du silence. Il était très calme, serein, enclin à disserter.

— Il y a eu des oligarques qui s'amusaient à s'offrir mutuellement des éléphants ou des tigres à leurs anniversaires. Ils sont tellement riches qu'ils ne savent plus comment se surprendre… Ça les amuse le temps des bacchanales et puis ensuite ils ne savent plus à qui refourguer ça. Leurs sbires les refilent aux zoos fauchés et ces derniers prient les habitants de venir nourrir les ménageries ou les restaurants de parrainer les fauves.

— Et qui va gaver ces bêtes pendant tout ce bazar de contre-révolution ? Il y a déjà des pénuries dans les magasins, plus une boutique n'est achalandée…

— Ekh ! Les singes des zoos ont bien survécu aux nazis ! Quand on y songe… Même les macaques ont été traumatisés par ce putain d'Hitler !

Émile s'est remis à souffrir et il est allé s'allonger. Moi je me suis assis sur mon lit, dos au mur, avec vue sur la nuit. Nous avons échangé quelques paroles avant le sommeil. Émile était bienheureux d'avoir atterri dans une mine après nos péripéties. Il se sentait un peu chez lui. Il s'est épanché avec nostalgie sur ses galeries ; les kilomètres dans l'obscurité, la poussière et la sueur.

— Dans les renfoncements, entre deux poutrelles de soutènement, sont parfois posées des icônes, sans bougies à cause des coups de grisou. J'ai toujours apprécié de croiser Dieu aux enfers. Cela le rendait plus proche que n'importe où ailleurs... Tu vois, c'est sans doute parce que je m'y suis fait mais j'ai toujours aimé retourner au fond, à la moindre inspection. La lampe frontale oscille au gré de la marche. Au-delà du faisceau, les ténèbres. Et puis, en remontant du puits, tu te débarrasses de ta combinaison, de tes bottes, de ton casque. Tu t'armes d'une *machalka*, un gros gant de toilette rêche, et tu vas te frotter sous les douches avant de t'attarder dans les saunas... Aussi tordu que cela paraisse, j'ai aimé cette vie.

Dehors, une chapelle et un monument à Lénine veillaient conjointement sur le salut du prolétariat. Émile a prononcé en guise de bonne nuit :

— Ce qui m'inquiète c'est que, le zoo, ce n'est pas ce lion, là, dehors. Si ce n'était que cela ! Mais, pendant les guerres, les grilles des prisons cèdent, la faune la plus terrible se retrouve dans la nature.

— Des milliers de Tchikatilo..., ai-je soupiré. Tu te rappelles l'affaire Tchikatilo ? On était ados. C'était un Ukrainien, détraqué sexuel et cannibale... Il ne jouissait qu'en donnant la mort...

— Si je m'en souviens ! Le premier tueur en série diagnostiqué comme tel en URSS ! L'homme soviétique aussi était un pervers...

Nous avons vécu ainsi quelques jours, à l'affût des déflagrations sourdes dans le lointain et conversant abondamment. Le soir tard, je regardais le ciel d'été, tentant de relativiser nos déboires à l'aune du mystère de l'univers. Émile m'éclairait. Il avait pris coutume d'observer longuement les étoiles après ses journées dans les filons de houille. Le soleil traversait la constellation du Lion. Émile en convalescence lisait assidûment *Le Livre de l'intranquillité* de Pessoa, déambulant dans Lisbonne avec sa solitude.

Le gouverneur

La vie restait suspendue aux bouches des canons. Les combats étaient sporadiques. Les bombardements, intermittents. On s'ennuie pendant les guerres. L'oisiveté et l'expectative gouvernaient ; les seuls pouvoirs notables. Tout le reste n'était qu'anarchie. L'été prenait son virage aoûtien sur un asphalte brûlant. Émile endurait dignement sa convalescence. Chaque fois qu'il haussait les épaules, la douleur lancinante le contraignait à esquisser un rictus. Aussi les sentiments couramment associés à ce mouvement d'indifférence l'éprouvaient désormais dans sa chair. Le détachement lui coûtait un mal de chien, le dédain lui arrachait des grommellements. À la manière dont on dresse cruellement les bêtes dans certains cirques sans principes, cette épaule blessée et condamnée à l'inertie l'obligeait à réagir autrement. Étonnamment, sa parole s'en trouvait libérée, comme si son mutisme avait été imputable à ce geste et non le contraire.

Un soir, j'ai fini par poser la question qui me taraudait depuis le début de notre *road trip* catastrophique.

— Émile, ai-je appelé dans le noir.

— *Cho*, a râlé Émile, à l'ukrainienne.

— Émile, tu m'as tout dit ?

— De quoi tu parles ?

— Qu'est-ce qu'on est allés manigancer chez l'Afghan ? Et le furieux d'Antratsit, tu es en quels termes avec lui ?

Émile n'a pas éludé. Il y a eu un long silence et puis il est devenu conteur. C'était l'hiver, un hiver du XXIe siècle, avec moins de neige et plus de tristesse. Les vieux de la vieille, nostalgiques, racontaient à l'envi les congères de leurs jeunesses communistes. Même le climat se portait mieux en URSS ! C'était sans parler du reste. Peu après son retour du Portugal, au beau milieu de janvier, un fonctionnaire lui avait annoncé par téléphone la visite imminente du gouverneur. Émile, pris de court, avait été heureux de s'entendre répliquer :

— Ce sera un grand honneur pour notre mine et nos travailleurs !

Ensuite il était resté longtemps la main posée sur le combiné qu'il venait de raccrocher, perdu dans une foule d'urgences qu'il peinait à hiérarchiser. Au bout d'un temps incertain, il s'était levé pour tonitruer par le grand corridor. Quelques grosses dames en avaient été quittes pour une sacrée frayeur. Est-ce que quelqu'un avait souvenir qu'Émile Arkadievitch eût déjà sonné un tel tocsin ?

— Abandonnez toutes les affaires courantes ! avait-il déclaré. Le gouverneur nous fait l'honneur d'une visite... Il convient de... Il faut asphalter la route qui conduit jusqu'à la mine, tailler les arbres... Ordonnez à l'école de préparer un spectacle, que l'on repeigne le hall. Combien de fois par siècle le gouverneur se rend-il à Dzerjinsk et fait-il honneur à notre carreau ?

Le petit monde d'Émile avait été soudain épousseté comme un vieux tapis ouzbek. La panique avait saisi tous les responsables quinquagénaires. Ils étaient allés répercuter leurs angoisses sur les jardiniers nonchalants, les ouvriers dociles, les chefs d'escouade, les mineurs de fond, les enseignants de la petite école et les enfants. La mine se mua en village Potemkine. L'intérieur des cours pouvait bien rester décrépi et couleur de rouille, pour peu que les façades étincellent. Ne comptait plus que la venue de la délégation. Il serait toujours temps ensuite de s'occuper du reste, du quotidien, de l'essentiel en quelque sorte. On aurait toute l'existence. On repassa méticuleusement les costumes de fête.

Le jour J s'était levé, fade. Les puits et les cheminées étaient pris dans des écharpes de brume. La steppe gelée baignait dans un épais brouillard comme un grand hammam hivernal. Un convoi de cylindrées noires aux vitres teintées zigzaguait entre les nids-de-poule. Émile se tenait prêt depuis l'aube aux couleurs ineffables. Il avait accueilli le gouverneur avec déférence. Avait-il fait un bon voyage ? La route n'était-elle pas trop bosselée ? La campagne ne semblait-elle pas trop maussade sous la neige ? Qu'il revienne donc en juin, les fleurs sauvages ornaient jusqu'aux terrils. Etc. C'était un si grand honneur que de le recevoir. Etc., etc.

Le gouverneur était d'une humeur acceptable. Que ces messieurs veuillent bien lui pardonner ces quelques minutes de retard. Il avait admiré de sa vitre teintée les champs en dormance. Ah ! s'il le pouvait, il vivrait à la campagne, loin de toutes ces intrigues ! Des jeunes filles couronnées de fleurs offraient des mets ukrainiens sous des banderoles. La délégation était accueillie comme dans *Le Réviseur* de Gogol. Ils avaient vidé chacun un petit verre à vodka d'un coup de coude matinal et croqué un concombre mariné. Le moindre péquin paradait, endimanché et étranglé d'une grosse cravate. Les plus odieux s'étaient faits obséquieux.

Quant au gouverneur, il était si bronzé qu'il paraissait plus noir que les mineurs à la sortie des galeries. Il avait récité des classiques sur la condition des travailleurs : « Que sais-tu du soleil si tu n'es pas allé au fond de la mine ? » Sûr que tous ces brigands de politiques en connaissaient un rayon en matière de lumière : Chypre, Bora Bora et les plages de Turquie. En face, les forçats de l'anthracite semblaient d'autant plus blêmes qu'ils avaient frotté leurs gueules ébène pour retrouver la couleur chair de leur peau privée d'UV. Il ne leur restait plus, entre la cornée et la peau, qu'un filet de poussière noire. Les houilleurs ressemblaient ainsi à des Égyptiens de l'Antiquité. Les oligarques et les dirigeants jouaient le rôle des pharaons. On apercevait au loin les terrils en forme de pyramides qui semblaient des tombeaux pour les rois du charbon.

Le gouverneur avait dit trois mots en ukrainien, pour le folklore, avant de poursuivre son laïus en russe :

— L'estime, messieurs, est le salaire des héros. Sans le charbon, le monde d'aujourd'hui n'existerait pas. Ne serait votre profession, il n'y aurait ni trains, ni chauffage, ni électricité. Si la révolution industrielle n'avait pas eu lieu, les fusées spatiales,

les sous-marins, les téléphones portables, bref la modernité n'aurait jamais vu le jour ! Je vous concède que les temps sont devenus plus féroces, la crise nous frappe lâchement ! Mais l'estime, messieurs, notre estime pour votre héroïsme, elle ne s'est pas volatilisée avec le reste ! Elle n'a pas varié d'un iota ! Personne ne peut vous l'enlever ! C'est cela que je suis venu vous dire ! Merci ! Bravo !

Les mineurs étaient bien aises de cette péroraison. Les fronts se plissaient entre deux mots à la gloire de la houille. Émile savait que l'aversion pour les oligarchies couvait. Le gouverneur mentait. Elle était révolue, l'époque où les mineurs et les métallos étaient des héros de la nation. Les deux décennies postsoviétiques avaient couronné de nouveaux tsars milliardaires qui avaient porté ce président kleptocrate au pouvoir. On lisait tout cela dans les regards, à la dérobée. Après ce discours succinct mais emphatique, Émile avait dirigé avec empressement la petite délégation vers son spacieux bureau. Ils avaient pu trinquer paisiblement aux quotas de production. Avant que le gouverneur ne prenne un air austère pour décréter :

— Émile Arkadievitch, *iest razgovor* ! – je veux vous parler d'une affaire.

Émile s'était raidi. Les choses sérieuses commençaient. Le gouverneur n'était pas venu pour se divertir.

— Émile Arkadievitch, vous connaissez, n'est-ce pas, l'existence des mines dites « illégales ».

Émile avait fait une moue affirmative. Tout le Donbass était au courant de ces pratiques mafieuses.

— Alors voilà, le clan du Président a besoin de votre aide.

— De quoi s'agit-il ? s'était enquis Émile.

— Trois fois rien. La nuit, vous ouvrirez vos grilles et quelques camions viendront décharger leurs bennes dans vos wagons. Votre comptabilité considérera que cela a été extrait de votre mine.

Émile n'avait pas eu le choix. Pendant des années, il avait été contraint de se soumettre aux malversations et aux magouilles de malfrats en cravate. Les mines illégales consistaient en des gisements affleurant dans les jardins, sur la steppe ou au fond des futaies. Il suffisait de piocher quelques mètres pour tomber sur du charbon. Les mineurs désœuvrés creusaient des galeries étayées de rondins au beau milieu des champs en friche. On les nommait *kopankas*. Elles se transformaient en fosses communes lorsqu'elles s'affaissaient. Quand tout allait bien, la houille était remontée grâce à une corde reliée à l'essieu bricolé d'une Lada capot ouvert. Une simple baignoire faisait office de wagonnet. De tout temps, les pauvres avaient toujours récolté l'anthracite pour survivre dans le Donbass. Avec la chute de l'URSS, ces filons improvisés s'étaient mis à pulluler. Des babouchkas triaient les pépites dans les cours et les jardins des villages voisins en lieu et place des usines d'enrichissement. On les rémunérait en nature, d'un petit tas de combustible pour la *bourjouika*, le poêle en fonte. Le gros de la production partait en camion à la faveur des ténèbres. Émile et tous les autres ouvraient leurs grilles. Le charbon ébène et occulte était ainsi blanchi.

— Eh bah, mon vieux… Tu crois qu'on te recherche ?

— J'en sais rien, a soupiré Émile. Les rangs des séparatistes sont pleins de ces pauvres hères qui se tuaient à la tâche dans ces tunnels miteux. Ils en veulent à toute la hiérarchie pour ces ignominies.

J'ai esquissé une drôle de moue et il a repris :

— L'Afghan, c'était notre allié dans la police. Lorsqu'ils patrouillaient et qu'ils apercevaient une mine illégale à leur gauche, ils contemplaient les pâquerettes à leur droite. Sur la route du retour, ils inversaient. Ils recevaient leur part. L'autre, à Antratsit, c'était un chaînon, un contact comme on dit…

— Mais pourquoi est-on allés les voir ?

— Des âneries, Vladlen, je devais du fric au premier et puis je voulais discuter avec eux… Mais pas au téléphone… On ne savait pas très bien où aller, c'était l'occasion… Tu vois, ils sont passés aussitôt à la sécession… Les révolutionnaires ne leur feraient pas de cadeaux… La lustration qu'ils disent, la chasse aux sorcières… Maïdan, c'est une bêtise colossale, la totalité du pays gruge au quotidien, ils vont mettre tout le monde en taule ou bien quoi ? Merde ! Encore faudrait-il qu'eux-mêmes soient blancs comme neige. Avec tous les contentieux, les arriérés et les rancœurs… On était sûrs d'avoir une partition…

— Zut, Émile, t'aurais pu me le dire…

— J'en suis pas fier, mon vieux… Tu me fais un procès, salaud, mais ça s'est trouvé sur mon chemin, il a bien fallu… comment dire… déroger à la morale… Toi, évidemment, tu joues du violon ! Elle est mesquine, votre honnêteté à vous, vous ne regardez pas plus loin que vos coulisses. Encore que tu ne vas pas me dire que vous ne louiez pas la salle au plus offrant à l'occasion, et en liquide s'il vous plaît ! Qu'importe, ce sont des kopecks. Les mines, elles brassaient des millions. Tu te serais débrouillé comment, toi ? Tu aurais répondu : « Pardonnez-moi, je ne mange pas de ce pain-là », ou bien « Messieurs, je répugne à la collusion » ? Laisse-moi rire.

— Émile, je sais bien que je ne vaux rien sans un violon sur l'épaule gauche, je t'admire d'avoir louvoyé parmi ces loups des steppes…

— Et puis je vais te dire, tu penses sûrement que je me répète cela pour me consoler, pour me raccrocher aux branches de la conscience, que c'est un argument factice… Je te le dis malgré tout ! Les fosses illégales, elles faisaient bosser du monde. N'importe comment, les entreprises d'État fermaient, où ces mineurs auraient trouvé de quoi s'assurer une pitance, hein ? C'était peut-être un sale système mais c'en était un quand même, puisque l'État n'assurait plus rien, que l'URSS s'était écroulée, les laissant orphelins…

— Je sais tout ça, Émile…

— C'est comme ceux qui répètent que, soi-disant, le Donbass, l'idéal prolétaire a été… comment dire… dévoyé, mettons, au seul profit de viles oligarchies… Mais, sans elles, il aurait tout bonnement crevé la bouche ouverte ! Qui a modernisé les mines ? Qui a rationalisé l'exploitation, sauvé ce qui pouvait l'être du désastre ? L'État peut-être ? La Rada ? L'Ukraine ? C'est à pleurer, Vladlen… S'il y a des salaires qui tombent, même aujourd'hui pendant la guerre, c'est grâce à ces empires tentaculaires… Tu n'as qu'à poser la question à leurs employés. Ils sont bien heureux d'avoir été embauchés par ces rois. Ils sont bien lotis d'être à leur botte. Ne serait-ce que pour le football… C'est bête à dire, mais les gens n'étaient pas peu fiers quand le Shakhtar s'est mis à punir le Dynamo Kiev ou des clubs étrangers. C'était leur équipe, leur Donetsk, leur « mineur » !

Je ne savais plus quoi dire. Je ne pouvais pas non plus prétendre que tout mon univers vacillait. On s'était faits à ces magouilles à grande échelle. Elles n'offusquaient plus personne en vrai. Simplement, j'avais l'esprit occupé par d'autres arrangements, d'autres dérogations à la morale, comme par exemple faire faux bond à mon foyer pour élire Essénia reine de ce qui subsistait de mon existence. Émile a poursuivi comme par inadvertance :

— Les gens du gouverneur nous ont tous rappelés à la révolution. En février, un peu avant la fuite de Ianoukovitch. Ils ont dit : « Émile Arkadievitch… Cette fois, il faut réagir… C'est un coup d'État ourdi par nos ennemis ! Chaque carreau de mine fournit deux bus de manifestants. On attend tes gars. » Et qu'est-ce que tu crois qu'on a répondu ?

Émile avait dit d'accord et il avait reposé le combiné. Le paysage s'étalait par la fenêtre, maussade. Aucune neige ne recouvrait les branches nues, les champs de terre dure, les toits de tôle moche. L'hiver était sec. Il n'était même pas certain qu'il se trouve des gueules noires pour préférer aller geler sur la place Lénine de Donetsk plutôt que de trimer dans le ventre chaud de la terre mère. Il avait sonné sa secrétaire pour convoquer les chefs de brigade. Il leur avait intimé de former des escouades de mineurs pour aller manifester à Donetsk.

Le lendemain, Émile avait pu voir sur le

télékanal « Donbass » le résultat de l'opération. Quelques milliers de moujiks avaient battu le pavé devant l'imposant siège du gouverneur. Les effectifs dépêchés par les usines métallurgiques ou les mines s'étaient sagement rangés autour de pancartes portant le nom de leur carreau, de leur cokerie ou de leur haut-fourneau. Les équipes d'Émile se tenaient en rang d'oignons dans le froid de février. La logistique était bien huilée. Coiffés de leurs casques de travail, ils avaient répété des formules lancées par un préposé à la manifestation : « Stabilité et développement », « Donbass » ou « Ukraine russophone ». Et puis le gouverneur était apparu pour quelques mots. Il avait salué avec emphase la mémoire de gueules noires tout juste décédées dans un coup de grisou et puis honoré les CRS tombés à Maïdan. « Pendant que le Donbass œuvre, d'autres sabotent le pays », s'était-il exclamé.

— On ne l'a plus jamais revu, a conclu Émile.

La rafle

Émile, bien qu'alité, se portait mieux, allégé du poids de sa confession. Contraint ou complice ? Dans le Donbass, les deux notions étaient étroitement liées. On était contraint d'être complice et un peu complice d'être contraint. Quoique préserver son intégrité nécessitât quelque chose comme un exil au Portugal ou aux Amériques pour plus de sûreté... Encore fallait-il posséder les moyens de sa probité, sur un compte offshore, domicilié dans un archipel outre-mer. Or, de tels fonds impliquaient d'avoir précédemment tordu le cou à la morale, dans quelque opaque affaire. Au mieux, cet argent mal acquis pouvait donc être consacré à ne pas alourdir son casier judiciaire intime. Bref, Émile n'était qu'un maillon insignifiant. Le Portugal, il avait déjà essayé, comme ouvrier des champs. Il placerait cela dans la grande balance divine lorsqu'il irait plaider la rémission dans les églises, se préparant au Jugement dernier.

Lorsqu'il fut revigoré, nous menâmes des déambulations sur le territoire de la mine. Nous saluions le lion qui rugissait aux déflagrations sporadiques. L'électricité était coupée, l'eau ne coulait plus des robinets. Émile se rendait fréquemment à la petite chapelle, où il allumait quelques cierges pour le salut du Donbass et le nôtre. Ensuite nous traversions le petit parc où trônait la statue de Chevtchenko, l'illustre écrivain ukrainien, le père de la dissidence sous l'empire des tsars. Sa littérature avait pour unique sujet l'Ukraine. Sous la plaque mentionnant « Taras Chevtchenko », un anonyme avait rajouté pernicieusement « écrivain petit-russien ». Émile, lui, s'amusait – malgré ses quarante ans passés – à l'approcher plus ou moins de dos. Sous cet angle, du bras droit arqué devant le ventre, on ne distinguait que le coude plongeant vers le bassin. Il semblait alors que le grand homme de lettres pratiquait l'onanisme. Émile arborait alors un sourire satisfait de grand polisson :

— On nous a forcés à ingurgiter ses poèmes à l'école parce qu'il est le seul ou presque à avoir gribouillé quelque chose en ukrainien… Et maintenant il y a des volontaires du Peace Corps en classe et ils prétendent que Pouchkine est contre l'Ukraine…

— Émile…

— Vladlen ! La dernière fois que je suis rentré dans une librairie, Tolstoï était classé dans la littérature étrangère. C'est normal, ça ? Tu vois, mon vieux, il nous faudrait un président de toutes les Ukraines, comme il y a eu un tsar de toutes les Russies…

Le soir, nous nous prélassions devant la télévision. Nous étions de fidèles téléspectateurs du tout nouveau canal séparatiste, avec sa présentatrice novice et son studio rudimentaire.

L'improbable république s'était dotée d'un présidium pompeux et d'une cohorte de ministres maladroits : un ramassis d'anciens truands, de combattants en herbe et d'opportuns ingénieurs des mines accédaient aux plus hauts étages. On n'avait pas constaté un tel ascenseur social depuis les bolcheviques. Ils promettaient la victoire, des pensions pour les retraités et de ressusciter le ministère du Charbon. Il devait se tenir derrière cet embryon d'État des cadres de Moscou, chargés d'inculquer les bases d'une administration. La république pour les nuls. Un soir, je me suis exclamé :

— Regarde, c'est Varvara, on était en classe avec elle ! Ministre de la Culture ! Elle qui n'a jamais pu retenir trois strophes de poésie !

— Merde alors, s'est moqué Émile, les cancres sont au pouvoir…

Nous riions, tristement réjouis par ce gouvernement loufoque, de bric et de broc. J'étais heureux que notre amitié ait survécu aux décennies et aux divergences. Au fond, nous nous fichions de savoir si Maïdan avait été une révolution ou un coup d'État, s'il s'agissait d'une guerre civile ou hybride, d'une annexion de la Crimée ou d'une déclaration d'indépendance…

— Il est bien entendu que ça a été un peu tout cela à la fois, a proposé Émile. Le voisinage se mêle toujours des révolutions des autres.

— C'est ainsi, oui… Et maintenant les gens oscillent entre les deux camps…

— Ils sont écœurés… Personne ne se soucie de se fourrer dans une si sale affaire… Ils se laissent ballotter par l'histoire…

— Alors, c'est la sécession par le vide, Émile.

Le Donbass a changé de drapeau sans s'émouvoir…

Ces considérations avaient le don de nous réconcilier. D'ordinaire, ce genre de retrouvailles sont promises à l'échec. Mieux vaut couver ses souvenirs que de les confronter à l'œuvre du temps. Notre complicité de garnements s'était trouvé dans ce désordre une maturité. Nous avions réchappé du front, assisté à quelques abominations et n'étions pas malheureux d'avoir atterri au sanatorium des gueules noires. Émile se remémorait nos vacances à Odessa quand nous étions adolescents, les plages surpeuplées, la jeunesse de toute l'Union. Il évoquait peu le Portugal et Zlata qu'il chérissait tant.

Souvent mon téléphone sonnait. Émile me le passait en ricanant. C'était forcément ma femme. Un jour, ce fut pour m'annoncer un drame.

— Qu'est-ce que tu fiches encore dans le Donbass ? Ton fils a été raflé par l'armée. Mon Dieu ! Prenez pitié ! Vladlen ! Deux semaines d'instruction militaire et ils l'envoient au front…

Il y a eu un silence abyssal avant qu'elle ne hurle en me traitant de tous les noms. Mon garçon… C'était ma chair qui partait à la guerre. Ces politiques de Maïdan, voilà qu'ils envoyaient nos petits à la boucherie, à nous qui ne leur avions jamais demandé de faire la révolution. Pourquoi n'incorporaient-ils pas plutôt leurs rejetons, dont les frasques n'avaient rien à envier à la progéniture du régime fraîchement déchu ? On les voyait faire rugir leurs bolides dans le tout Kiev pendant que les pauvres gars des provinces étaient bons pour les balles.

— Les fumiers… Mais c'est un rapt ! Où l'ont-ils ramassé ?

— Il marchait dans la rue, a-t-elle raconté, en pleurs, je l'avais envoyé au *gastronom* chercher des provisions. Ces canailles, ils ont déboulé, demandé ses papiers et l'ont embarqué fissa.

— Merde, mais ce sont des pervers... Ils forcent les Donbassiens à partir au combat, contre leurs propres frères...

— Mais agis donc, au lieu d'élucubrer ! C'est ton fils, bon Dieu ! Ou bien nous as-tu déjà reniés ? Nous ne méritons...

— Écoute, ai-je abrégé, écoute te dis-je ! Voilà, tu sais bien... Il paraît qu'il suffit de graisser les pattes pour échapper à la conscription. Tous ces députés, ces ministres va-t-en-guerre se débrouillent pour éviter ça à leurs gamins...

— Comme si ce n'était pas la première chose à laquelle j'avais songé ! Mille dollars au bas mot. Tu as économisé combien en dirigeant ton orchestre et tes amantes de violonistes ? Nous avons tout dépensé pour fuir Donetsk. Les derniers billets, je les garde pour lui trouver un gilet pare-balles. L'armée les équipe à peine. Mon Dieu ! Accordez-lui votre miséricorde ! Préservez-le des bombes ! Je vous en supplie...

Je n'avais rien de convaincant à proposer. J'étais moi-même effondré. Il me semblait que j'entendais les larmes couler sur son visage. Elle avait des trémolos angoissés dans la voix. Elle disait que je l'avais quittée et que, maintenant, son fils chéri avait toutes les chances de finir en charpie sous le shrapnel. Je revoyais Dnieprodzerjinsk avec ses usines, ses fumées, ses tramways lourds faisant trembler les boulevards. J'ai imaginé mon fils à peine majeur muni gauchement d'un fusil d'assaut et coiffé d'un casque de travers sous une pluie d'obus. Tant de jeunes hommes étaient déjà morts dans les steppes pour une cause aussi inexpliquée que les trous noirs de l'univers. Que graverait-on sur leurs tombes ? « L'absurde reconnaissant » ? Il ne restait plus qu'à prier.

Le jour des mineurs

La fin août approchait, la défaite des Donbassiens se précisait. Ça sentait le roussi sur la steppe grillée par le soleil et grêlée par les Grad. Les belligérants bombardaient les ponts. Les rails plongeaient dans le vide, les locomotives venaient boucher les trous des tabliers. Les chasseurs ukrainiens et l'artillerie séparatiste se rejetaient la responsabilité de leurs bévues et bavures. Un beau matin, Émile a annoncé qu'il se sentait enfin en état de déguerpir. On a dit adieu au lion qui rugissait à tout-va. J'ai installé Émile à la place du mort.

Des morts, il en gisait sur les trottoirs, dans les bourgades que nous traversions. Les maraudeurs dépouillaient les cadavres et les décombres. Des hommes paranoïaques gardaient les blok-posts. Des barbes de Tchétchènes, de cosaques ou de quidams du cru dissimulaient tous les visages. Dans un bled, sur la place, des pendus regardaient le ciel. Kiev pilonnait les « terroristes » sans plus chercher à savoir où ils se tapissaient. La population en concevait une haine viscérale contre les « fascistes ukrainiens ». Dans les champs au loin, on voyait des projectiles consteller la terre. De haut, cela devait ressembler à la Lune avec ses cratères. Des tirs claquaient à l'improviste et plus d'une fois nous eûmes à évacuer la voiture pour nous jeter dans les fossés. Cela nous obligeait aussi à opérer des zigzags. Nous allions de bourgs désolés en villages fantômes.

— Mon fils, où est-il ? me suis-je plaint. C'est peut-être lui qui nous mitraille, Émile !

— Il doit être plus occupé à se débrouiller pour rester vivant qu'à enfiler des obus dans des canons.

Nous avons fini par atterrir à Ienakievo, la ville natale du Président déchu. Son père y avait été mineur. La révolution semblait désormais si lointaine, balayée par le cataclysme qu'elle avait engendrée. Une imposante statue de métallo ornait l'entrée du ghetto ouvrier. Des blocs d'immeubles maussades encadraient la rue principale, plongeant vers l'usine. La forêt de tubes et de cheminées surnageait dans les fumerolles. L'enchevêtrement de conduits couleur de rouille et de rampes plongeantes baignait dans des panaches de vapeurs aux teintes chimiques. Quelques wagons ras la gueule cheminaient lourdement. Des pans entiers avaient été éventrés. Trois ouvriers de l'aciérie avaient laissé leur peau dans une explosion. Les hauts-fourneaux étaient presque à l'arrêt. Des dizaines de milliers d'ouvriers-fondeurs retenaient leur souffle. L'usine était toute leur vie.

Nous nous sommes mis en quête d'un magasin ouvert. D'une indifférence généralisée, ce qui demeurait de population était passé à une défiance tous azimuts. Nous avons enfin déniché un troquet de Géorgiens. Émile s'est goinfré de *khachapuri* et de vin d'Adjarie. Puis il a fallu faire le plein d'essence. Elle se négociait à un taux faramineux, au noir, dans les cours. Par bonheur, Émile possédait des liasses de dollars, dont je n'osais lui demander la provenance. C'était de la *valiouta*, de la devise étrangère. On changeait ça au compte-gouttes car la grivna tombait toujours plus bas. Les gens étaient prêts à la troquer contre des euros, des roubles transnistriens, des livres, des roupies, n'importe quoi. On investissait ses dernières liquidités en graines de sarrasin pour préserver ce qu'on pouvait sauver de l'inflation. Dans les magasins, les prix changeaient d'heure en heure. Et chacun, des jusqu'au-boutistes aux modérés, des pro-européens aux nostalgiques de l'URSS, chacun se murmurait pour soi : « La démocratie, c'est à chaque fois le bordel ! Chez nous, ça ne marche pas. »

Nous avons fait route vers Shakhtersk, où était supposée se trouver Zlata. C'était le dernier dimanche d'août, celui qui sert traditionnellement de fête annuelle aux gueules noires, depuis 1935 et l'exploit du mineur Stakhanov. Dans tout le Donbass, chaque fin d'été était l'occasion de donner des concerts en plein air avec les hits soviétiques les plus populaires. La foule s'enivrait et adulait ses galériens de la houille. Mais cette fois, c'était la guerre. Sur la place, quelques héros éméchés tiraient en l'air en buvant du champagne de la distillerie voisine d'Artemovsk.

Émile m'a indiqué la route à suivre jusqu'à chez ses beaux-parents. La maison était typique des corons du Donbass, avec ses briques, ses quelques fleurs et son toit de tôles hétéroclites. Je suis resté dans la Volga le temps qu'il aille cogner à la porte.

Il avait la gorge nouée et tout Lisbonne qui défilait dans son regard, mélancolique, à se noyer dans le Tage.

Zlata est apparue. Je la découvrais. La lampe de l'entrée éclairait ses joues ravivées par du fard. Elle avait dû consacrer la journée à des tâches ménagères et se présentait pourtant parée comme pour un bal. Zlata était de ces filles sophistiquées qui ne paraissent jamais devant leur homme sans une station prolongée devant un miroir. Elles se lèvent aux aurores pour précéder le réveil de leurs maris. Ils ne doivent en aucun cas les surprendre privées de leurs artifices. Même dans leur plus simple appareil, elles usent encore de subterfuges et, si elles se livrent enfin telles qu'elles sont faites par la nature, c'est dans les ténèbres d'une chambre à coucher et pour l'empire d'autres sens que celui de la vue.

Émile a noué ses bras autour de sa taille en l'attirant vers lui. Il a murmuré une tirade préméditée depuis des jours ou peut-être des années. Ensuite ses grosses mains ont remonté le dos tout frêle de Zlata pour écraser sur son torse sa poitrine gonflée d'un parfum qu'il n'avait jamais oublié. Je les guettais à travers le pare-brise, sans rien percevoir de leurs mots. Je les ai imaginés sur une plage en banlieue de Lisbonne lors de leurs dimanches d'immigrés. Il y eut un orage, c'étaient les sanglots de Zlata qui brisaient le barrage de ses remords, délavant son fard. Ça m'a un peu embêté de les voir s'embrasser à pleins poumons et d'assister à toutes ces effusions. Car Essénia ne donnait plus de nouvelles.

En comparaison de Zlata, Essénia me semblait soudain plus écervelée, plus éthérée, autant de bonheur que d'énigmes. Je craignais qu'Émile ne m'abandonnât après ce dénouement. La Volga était silencieuse et j'avais cessé d'épier les tourtereaux. Ma femme venait de tenter de me joindre. Le réseau connaissait des soubresauts. On s'étonnait même que la téléphonie s'obstine à fonctionner. Que pouvais-je lui dire encore sinon que j'étais un salaud ? Au bout d'un certain temps, rythmé par des tirs nourris d'artillerie dans le lointain, Émile m'a fait signe d'ouvrir la portière. J'ai fait la connaissance de la belle infidèle. Je ne savais pas quoi dire excepté poser cette question qui me brûlait les lèvres :

— Pourquoi êtes-vous revenue pendant la guerre ?

Elle n'a rien répondu. Elle nous a fait pénétrer dans l'intérieur sobre de la maison en brique. Sa mère, malade, rayonnait d'être entourée de ses deux filles. Zlata voulait l'exfiltrer du Donbass. Elle avait des remords plein le crâne et la mauvaise conscience de celle qui s'est fait une place au soleil. Elle avait été étourdie par le Portugal, laissant sa famille en proie au destin du Donbass. Je me suis dit que je devrais m'en inspirer pour filer à Dnieprodzerjinsk avant de laisser cette pensée aussitôt s'envoler.

Nous avons laissé la belle-famille pour opérer la tournée des amis d'Émile. Il connaissait tous les corons de Shakhtersk. Nous avons bu des verres et des paroles à satiété. Les gueules noires étaient rentrées sous terre. Ils descendaient dans les galeries malgré la guerre. Ils trimaient, accroupis sous les vérins hydrauliques, dans les couches inclinées d'anthracite, coupés du monde. Certains commençaient pourtant peu à peu à rejoindre les rangs des rebelles car, racontaient-ils :

— Les mines s'affaissent sous les bombes, l'alimentation électrique fonctionne aléatoirement. Les ascenseurs ne remontent plus... Les pompes s'arrêtent, les veines sont inondées... Dis-nous, Émile, peut-on vraiment poursuivre dans ces conditions ?

— Un chasseur ukrainien a même trouvé le moyen de s'écraser sur un puits..., se lamentait un autre.

— Émile, nous ne sommes pas séparatistes..., a affirmé un tiers.

— Nous sommes pour le Donbass, pour l'industrie lourde, pour l'anthracite...

— Pour que rien ne change. On sait bien à quoi mènent les révolutions...

— Le problème n'est pas le communisme, Émile, mais sa chute...

Personne en Europe n'avait plus besoin de lignite, de réfrigérateurs soviétiques, de voitures ZAZ, d'avions Antonov et encore moins de foreuses. On refourguait tout cela à l'Inde, à la Chine et à la Russie. Et tant pis pour les profits. Cela permettait au moins de ne pas licencier les cohortes d'ouvriers que l'URSS avait laissées en héritage. Il y avait devant nous toute l'Internationale, des enfants du Grand Caucase, des Slaves, quelques femmes malgré les superstitions, une poignée de Moldaves, un Turkmène, et ils avaient tous le regard souligné de poussière ébène. L'Europe, ils l'aimaient, ce n'était pas la question. Simplement, ils comprenaient pertinemment qu'ils y seraient les derniers des derniers.

— Dans l'Europe, Émile, nous le savons bien, nos fils seront un vivier de main-d'œuvre corvéable...

— Sûr ! Et nos filles feront le tapin à Berlin… On ne peut pas se résigner à cela, Émile ! Et puis l'Europe ne peut pas avaler le monde entier ! Nous sommes de l'Est.

Et Émile acquiesçait. Il était d'humeur compatissante, immensément comblé, soulagé d'un fardeau titanesque. Il remplissait les verres en mesure. À cause de la pénurie, il n'y avait pas grand-chose à avaler pour contrer les effets de l'ivresse. Nous sommes repartis de là légèrement saouls et remués. Le Donbass, c'était la paix pour les dépités, un mouroir pour les idées du XXe siècle. La nuit était belle et traversée de comètes meurtrières.

Nous sommes rentrés chez Zlata par les rues noires. On devinait les étoiles rouges des puits de mines, éteintes. Tristesse. Nous avons bu le thé en réunion devant la télé. Les médias crachaient leur *pravda* et leur venin. C'était au tour des canaux ukrainiens d'être débranchés. Les chaînes de Moscou étalaient leur vision du « monde russe ». La République de Donetsk avait sa gazette, qu'elle glissait dans les boîtes aux lettres.

« *La junte de Kiev rafle les jeunes Ukrainiens pour les envoyer au front. À Lviv, les mères de soldats sont descendues protester dans la rue. Les Hongrois et les Roumains d'Ukraine refusent de s'enrôler. Les bataillons fascistes entraînent les Slaves dans une lutte fratricide. Le peuple du Donbass est victime de crimes odieux perpétrés par ces hordes célébrant le nazisme !* »

J'ai pensé à mon fils. Je ne lui avais enseigné que deux choses dans la vie, à tenir un archet et à pianoter pour épater les filles. À l'heure qu'il était, il devait maudire son maestro de père de ne pas l'avoir préparé à démonter un fusil d'assaut et à ramper sous des barbelés.

— Elle fout la trouille, la télé du Kremlin, ai-je confié à Émile.

Il a changé de chaîne et zappé sur une émission moscovite proposant aux spectateurs de retrouver la trace de parents éloignés et perdus de vue. Je me suis dit qu'Émile devait soudain songer à son père disparu. Peut-être brûlait-il d'envie de lancer un appel sur les ondes sibériennes. Sa fuite éperdue vers l'Oural polaire n'était plus d'actualité depuis que Zlata était revenue. Mais Émile ne bronchait pas et Zlata a plaisanté :

— Éteins, Émile ! On ne sait jamais ! Tu pourrais te découvrir une vieille amante et un fils caché !

Émile a ri jaune, ce n'était pas lui l'infidèle. Nous avons fini par préparer la maisonnée pour la nuit en dépliant les divans et tout ce qui présentait une consistance moelleuse. Les combats s'étaient tus. Heureusement, car il n'y avait pas de cave. Zlata la repentie traitait le modeste Émile en roi. Son dévouement était à la hauteur de sa trahison. Elle pansait sa blessure avec des mains de guérisseuse. Ils sont allés s'isoler dans l'unique chambre à disposition et je me suis retrouvé sur les canapés du salon avec la sœur. Sur les meubles des babioles hétéroclites s'exposaient, censées attirer au foyer bonheur et prospérité. D'authentiques dollars entouraient un petit bouddha grassouillet. Les sofas étaient soi-disant orientés selon les règles du feng shui. Un incroyable syncrétisme de superstitions et de croyances les plus antinomiques décorait la pièce. Les gens d'ici s'en remettaient à tous les saints.

Avec la sœur de Zlata, nous avons débattu dans le noir jusque tard.

— Essénia, je lui donne ma vie, ai-je déclamé dans la chaleur de la nuit.

Tout ce qu'elle a trouvé à répondre a été :

— J'avais une agence matrimoniale à Donetsk avant tout ce délire. Les étrangers ont fui comme des lapins.

— *Da ?* me suis-je étonné, un peu décontenancé par son romantisme. Et ça marchait ?

— On leur présentait des filles à prix d'or, elles n'étaient absolument pas à marier. Elles gagnaient leur vie à entretenir des correspondances avec des dizaines de célibataires sous des avatars variés. Parfois on payait une prostituée qui faisait mine d'avoir un coup de foudre…

— Pauvres gars.

— Et moi alors ? C'était cela ou je terminais vendeuse de charcuterie à Shakhtersk, et à faire la belle bougonne devant un étal de liqueurs. Je n'ai pas eu la chance de naître en Amérique.

Je souriais dans l'obscurité. Elle racontait tout cela comme si rien n'était grave ou répréhensible. Ils s'en remettraient, ces Occidentaux en manque de féminité. En ce qui la concernait, elle était prête à tout pour décoller de son coron de mineurs, quitte à saborder les cœurs. J'ai supposé :

— Tu aurais pu te marier avec un brave garçon !

Elle s'est esclaffée en me montrant sa bague qui brillait à la lueur d'une lampe du couloir.

— Mais je suis mariée ! Il avait un bon boulot. On faisait la paire. Il traînait le soir sur les parkings des restaurants de Donetsk, dans sa voiture pourrie, derrière les berlines de luxe garées en épi… Quand les femmes des classes aisées sortaient avec leurs copines, un peu éméchées, elles enclenchaient la marche arrière sans se retourner. Il glissait son tacot sans bruit derrière pour se faire emboutir avec un air offusqué. Elles réglaient rubis sur l'ongle pour les dégâts. C'était plus rentable que n'importe quel emploi auquel il aurait pu prétendre. Mais maintenant que faire ? Sa « clientèle » s'est évaporée…

— C'est de famille, ai-je remarqué en songeant à Zlata qui avait fait des misères à Émile.

— Tu n'y es pas, Vladlen ! Zlata, c'est un ange chez nous… Il faut nous comprendre. On voulait tous quitter Shakhtersk…

Au cimetière orthodoxe

À l'aube, Émile m'a secoué. Il m'a promis qu'il ne me laissait pas tomber et me conduirait jusqu'à Essénia. Son épaule était ressuscitée en même temps que tout son être. La maisonnée roupillait, nous nous sommes glissés dans la rue sous la rosée perlant des plantes de la tonnelle. Émile a débrayé sans bruit et nous étions heureux de reprendre la route. Il a suivi la direction de la frontière. Essénia devait se trouver chez ses parents elle aussi, à Snejnoïe, non loin d'ici. Le jour s'est levé dans notre pare-brise. La Volga était en rythme de croisière. La carlingue résonnait d'un de ces airs de tango aux paroles russes qui pourraient faire croire que Buenos Aires est une ville du Don. Les textes traitaient de séparation et de voyages au long cours. J'écoutais de toute mon âme. D'un coup de volant, Émile a bifurqué vers une piste en terre et ces soudains chaos m'ont sorti de ma léthargie onirique.

— Ça va pas ? Tu vas où ?

— Au cimetière, l'ami, voir mon père.

Sa tombe était à Torez, une ville minière rebaptisée après le décès de Maurice, le célèbre communiste français. Au bout d'une allée jonchée de pollens est apparu ce que mon fils nommait, enfant, un « jardin de morts ». Des tombes étaient éparpillées sous les arbres, enlacées par les racines, perdues entre les hautes herbes, parmi les vraies et les fausses fleurs en plastique. Comme dans tous les cimetières orthodoxes, chaque défunt avait droit à son petit carré délimité par une barrière de traviole. Des tables sommaires et des tabourets valsaient à côté des stèles dans les limites des parcelles. Nous nous sommes assis sur la sépulture sous-titrée d'une épitaphe trop banale.

— Voilà, c'est papa, a déclaré Émile, et il a dégainé un litre de vodka.

C'est ainsi qu'on honore les morts chez les orthodoxes, on vient boire un coup sur leur tombe, on y passe l'après-midi dans les rais de lumière qui transpercent la chlorophylle fraîche et estivale. Émile a versé une première rasade et déballé un précieux saucisson. Nous l'avons dégusté avec parcimonie en l'accompagnant de gorgées en l'honneur de son géniteur. Autour de nous s'étendait une hécatombe soviétique de dalles aux étoiles rouges. Tout un peuple d'ouvriers de choc et d'ingénieurs reposait sous la végétation. Leurs dernières demeures étaient ornées de puits de mines miniatures, de mentions d'usines et de prénoms pas possibles. La fin de l'homme rouge. Il y avait des Pravlen (« la vérité de Lénine »), des Oktiabrina en mémoire de 1917 et même une savoureuse Spermaïa (« bonne fête du 1er Mai »). Quelle Europe ?

Cela ressemblait à un monde disparu, on écartait un peu les herbes folles pour découvrir les inscriptions des stèles. La civilisation de la révolution d'Octobre s'enfonçait dans la terre. Des crucifix byzantins, discrets, côtoyaient les marteaux et les faucilles. Nous, les enfants de Brejnev, n'avions jamais su comment honorer ceux de Staline. Avec ce en quoi ils croyaient au début de leur vie ou bien à la fin ? Dans les intérieurs, les « coins rouges » où l'on plaçait quelques reliques léninistes avaient retrouvé leurs icônes et leurs bougies. Sur la tombe de son père, Émile avait déposé une croix orthodoxe, avec sa petite barre sous la grande : le repose-pied du Christ.

Non loin de nous était inhumé un héros, à l'aura et au prestige incommensurables. La sépulture de Stakhanov dominait, bien entretenue, couverte de roses artificielles et de couronnes kitsch. Alexeï Grigorievitch Stakhanov. Une nuit de l'année 1935, il avait selon la propagande extrait cent deux tonnes de charbon à Kadievka. Dans le Donbass, bien sûr. Stakhanov avait une ville à son nom. Lui-même avait coulé ses vieux jours à Torezantratsit, la mine du coin. Sa tombe était ornée d'une litanie de distinctions, l'ordre de Lénine, celui de l'étendard pourpre, héros du travail socialiste. Le stakhanovisme, c'était lui. Et il était mort et inhumé.

Nous saluions ces générations à coups de toasts. Nous nous imbibions à leur mémoire. Le Donbass datait du big bang soviétique. Dans la galaxie marxiste, il était l'une des plus vieilles étoiles rouges.

— Émile, le Donbass, c'était sans doute mieux pendant l'URSS, non ? ai-je demandé bêtement.

Émile a affirmé sentencieusement, comme le font les ivrognes qui se croient profonds :

— Le Donbass, ce sera toujours l'URSS. Le Donbass, ça ne peut exister que sous l'URSS. Le Donbass a trépassé avec l'URSS. Vive le Donbass !

— Vive le Donbass ! Vive le Donbass ! ai-je hurlé en levant ma vodka en l'air d'un bras mal assuré.

Je crois qu'il avait un peu raison, et ce malgré la boisson. Chacun a avalé cul sec son petit verre. Nous avons observé une minute de silence involontaire. Nous étions simplement plongés dans nos pensées. Nous avons enterré le Donbass et tout ce progrès archaïque. Ensuite j'ai changé de sujet :

— Au fait, tu ne m'as pas dit. Qu'est-ce qu'il était devenu ton père ? Je croyais qu'il était resté en Oural polaire...

— Oui, et puis il était revenu passer sa retraite à Torez, comme Stakhanov. C'est quand même plus doux que la toundra de Vorkouta. On s'est revus. Il disait que la chute de l'URSS était une vraie saloperie et qu'elle aurait sa peau.

— Pourquoi ?

— Parce qu'il n'y avait plus de tickets de rationnement. D'un coup, ça a été l'abondance. Les magasins se sont remplis de cochonneries. Il est mort d'une maladie cardio-vasculaire, le rayon charcuterie lui a été fatal.

Il m'a appris tout cela dans le silence ambiant, entre deux explosions qui se faisaient écho. J'ai dégrisé d'un coup. L'abondance du capitalisme avait tout détruit, les corps, les cœurs, les âmes. La liberté, c'était la tentation. Émile s'en tirait par des plaisanteries mais je voyais qu'il était un peu ému. Il tripotait son verre vide en regardant la stèle mortuaire. L'absence du père en URSS relevait du commun des mortels. Et cela n'avait pas cessé. Ils décédaient trop tôt ou bien quittaient leurs foyers pour de nouvelles amours. On se séparait aussi vite qu'on s'unissait. On publiait les bans et les divorces en un éclair. La pesante bureaucratie était curieusement légère sur le dossier conjugal. Les hommes manquaient cruellement à l'Est. Ma mère n'en avait plus eu que de passage. Elle avait sans doute entretenu des liaisons de voisinage. Quelle importance que la génétique ! Les frangins se résumaient aux gosses de la cour d'immeuble où l'on avait grandi. Les cages d'escalier créaient des fratries plus solides que les filiations.

Les femmes étaient hantées par le désir de maternité. Les pères étaient trop jeunes, trop irresponsables et trop fauchés. J'en avais été l'exemple parfait. Qu'y avait-il de neuf là-dedans ? La guerre accoucherait d'une génération de gamins abandonnés, s'amassant dans les orphelinats combles. Des couples étrangers viendraient en adopter. Des Allemands épouseraient les veuves via des agences matrimoniales. Les Russes moulinaient que l'Europe était décadente, mais leurs mœurs à eux n'étaient pas plus glorieuses, et Émile a lâché :

— Avant sa mort, il m'a appris que j'avais deux demi-frères et sœurs. Je pensais filer là-bas leur demander de m'héberger…

Nous avons laissé passer un ange entre nous et absorbé un dernier verre pour terminer sur un chiffre impair. La paix planait sur le cimetière. Nous étions habités de l'intime conviction que les obus ne frappaient pas les défunts. Nous nous apprêtions à reprendre la route en état de légère ivresse. Mais, alors que nous nous levions, un KamAZ vert kaki a fait irruption, conduit par des séparatistes patibulaires. Le groupe convoyait quelques cercueils en bois frais et puis des corps dans des linges, pour lesquels on n'avait pas assez de planches ni de temps. Ils les ont portés en terre. Avec Émile, nous avons donné un coup de main parce que l'on comptait plus de macchabées que de vivants. L'armée ukrainienne enfonçait les positions de la République populaire dans tous les coins. L'axe Donetsk-Torez-Snejnoïe ne tenait plus qu'à un fil. Nous étions dessus en plein. On entendait le canon. Ça sentait la fin du baroud. Les gars étaient amers. La Russie ne venait pas à la rescousse et les conscrits ukrainiens se comptaient en dizaines de milliers. Émile a questionné :

— Vous faisiez quoi avant la guerre ?

Les moujiks s'étalaient sur trois générations avec autant de motivation. Un des plus accablés avait été liquidateur à Tchernobyl. Il mourait d'un feu intérieur. Ses dents déchaussées par les radiations étaient toutes en or. Une balle lui serait salutaire. Un autre de la diaspora coréenne avait passé dix ans dans les hauts-fourneaux à Ienakievo et un troisième errait, au chômage perpétuel. Il y avait un sniper de dix-neuf ans qui disait avoir mouché une ribambelle d'officiers de la garde nationale, et enfin un ancien légionnaire revenu de France pour la cause. Leurs souffrances ne dataient pas de l'été. La guerre constituait le paroxysme de leurs maux. Et puis, ils ont conclu par ce commentaire :

— Il y a des funérailles tous les jours de trêve.

On voyait le sol bombé de trous fraîchement recouverts de terre. Ils y jetaient une fleur solitaire. L'armée ukrainienne se voyait déjà victorieuse et eux se lamentaient :

— Ils arrivent, ils « libèrent », comme ils disent.

Les vaches. Ils repeignent tout ce qui leur tombe sous la main en jaune et bleu, ils ordonnent aux gamins de dénoncer leurs parents russophiles…

— Vous vous réfugiez en Russie ?

Ils ont haussé les épaules. Il n'y aurait pas d'amnistie. Ils avaient la mort dans l'âme. Ce n'était pas qu'une expression langagière. La rancœur et l'amertume s'étaient emparées du cimetière. J'ignore s'ils avaient aussi quelques remords. À l'horizon, on vit soudain un hélicoptère Mi-8 piquer en vrille. Cela leur mit un peu de baume au cœur. Un incendie a entrepris de ravager la steppe. Les yeux d'Émile avaient pris cette teinte d'affliction qui habitait les vaincus. J'étais parcouru de pensées funestes, empathiques, contradictoires, pêle-mêle. Nous regardions la fumée noire dilater le ciel et Émile a eu cette pensée professionnelle :

— Si les rares forêts brûlent, il n'y aura plus de bois pour étayer les galeries des mines.

Essénia

Nous sommes repartis un peu contrits, avec l'autoradio allumé. L'état-major de Kiev gueulait sa victoire imminente dans les micros. Les ministres révolutionnaires se gargarisaient :

« *L'occupation ignoble du Donbass par les terroristes à la solde de Moscou touche à sa fin ! Nos héros, notre glorieuse armée et notre garde nationale progressent sur tous les fronts. L'Ukraine est le bouclier de l'Europe contre la barbarie ! Gloire à l'Ukraine ! Gloire aux héros !* »

Les blok-posts que nous franchissions n'étaient plus ces amas de pneus et de planches des premières hostilités mais des murets de sacs de sable troués de meurtrières d'où dépassaient les canons des mitrailleuses. Les rubans de Saint-Georges ornaient toutes les poitrines. Les drapeaux de la République de Donetsk flottaient au vent des steppes. Pour combien de temps ? Des combattants de dix-huit printemps fouillaient notre Volga, scrutaient nos faciès, forçaient notre coffre. Les blindés brillaient au soleil sur les bas-côtés. Les forces de Kiev avaient à leur tour repris la seule éminence des environs, qui ne cessait d'être conquise par un camp puis par l'autre. Saour-Mogila portait en son sommet un mémorial aux soldats de l'Armée rouge tombés pour cette même terre mère contre Hitler. La longue liste des héros était grêlée d'impacts de balles et de ricochets. De là-haut, on pouvait apercevoir la mer d'Azov au sud et par temps clair. Un gars d'un check-point a précisé :

— Il y a eu cent de nos frères couchés en un jour. Misère.

Ça menaçait de se conclure en République du Vercors. L'agonie et le paroxysme coïncidaient, les séparatistes étaient assiégés et leurs unités coupées les unes des autres. Sur les chars amochés, on lisait des inscriptions : « À Kiev ! » ou même : « *Nach* Berlin ! » Je ne suis pas certain que les tankistes un peu agités qui les manœuvraient croyaient encore à ces destinations staliniennes. Car, pour l'heure, ils avaient retourné leurs canons et reculaient vers la Russie. Qu'est-ce qui les attendait désormais ? Une débandade de l'autre côté de la frontière, une hécatombe pour ceux qui demeureraient, les geôles ukrainiennes ? N'avaient-ils pas été les héros d'un printemps ?! Pourtant les combattants gardaient un espoir à peine émoussé, celui qui meurt en dernier. Ce serait le chant du cygne ou la victoire. Une voix haut placée avait susurré : « Tenez coûte que coûte. »

Nous avons poursuivi vers Snejnoïe, les terrils de mines servaient de postes de tir pour des salves et des gerbes de feu. Ils constituaient les rares hauteurs surplombant la plaine. Le dernier barrage que nous passâmes était tenu par un bataillon féminin. Les filles étaient de loin les plus agressives et les plus outrancières. Une grosse blonde ceinturée dans un treillis coquet nous a copieusement insultés. Étions-nous des moujiks ? Pourquoi n'étions-nous pas à leurs côtés ? Sur la place centrale, un prisonnier ukrainien était ficelé à un poteau. Les passants lui crachaient dessus allègrement en le traitant de nazi avant de courir se mettre à l'abri des bombardements. Des femmes en sous-vêtements, surprises par l'alarme, couraient vers les caves. Où trouvaient-elles le temps pour leurs séances de maquillage ? Pas de brèves relayées sur Internet, peu d'images capturant ces instants. Ce n'était pas le Maïdan connecté et étudiant. Les macchabées d'ici valaient moins que ceux de la révolution chérie de l'Occident.

Le plâtre s'effritait dans le magasin où nous avons cherché à nous abreuver. Les fenêtres étaient renforcées à cause des explosions. Le prix de la saucisse avait encore augmenté. Il était désormais affiché en roubles.

— Vous êtes déjà rattachés à la Russie ? me suis-je étonné.

— C'est-à-dire, on a beaucoup de... d'insurgés... qui viennent de là-bas..., a répondu laconiquement la vendeuse en dodelinant de la tête vers ce qui était supposé être l'Est.

— Nous n'avons aperçu aucun drapeau, ni rien de... comment dire... caractéristique...

— Ils ont leur accent avec des intonations sur les *o* partout. On ne peut pas les rater.

On évoquait de plus en plus ces soldats de Moscou « égarés » dans le Donbass. Le Kremlin prétendait qu'ils s'étaient « perdus » côté ukrainien, d'autres sources parlaient de militaires dédiant leurs permissions à la lutte de leurs frères donbassiens. Les gens les surnommaient les « vacanciers ». C'était bien la première fois que le Donbass attirait des visiteurs ! Des milliers d'hommes étaient acheminés à la faveur de la nuit. Ils se tenaient à l'écart de la population, sans drapeaux ni insignes, sans plaques ni blasons. Les séparatistes, à bout, les attendaient comme le Prophète. Le Donbass voyait ses premiers Bouriates, surgis des confins de l'Eurasie. La dernière fois qu'ils étaient venus, c'était pour la Wehrmacht.

— Ce sont vraiment des touristes, a affirmé la vendeuse, pince-sans-rire. La guerre, pour eux, est le seul moyen de voir du pays !

— Merde alors, ils sont en goguette ! me suis-je exclamé. Ils ont oublié qu'il y a des frontières ?

La vendeuse a esquissé un sourire gêné. La frontière était perdue depuis longtemps, elle était une grande passoire avec des trous béants par lesquels s'évanouissaient tous les lance-missiles de toutes les Russies. Les douaniers avaient été liquidés ou faits captifs. Plus personne n'apposait de tampons d'importation.

— *Rousskie idut*, les Russes sont en marche, a dit Émile d'un air triomphant, peut-être pour s'attirer des sympathies dans la boutique ou probablement parce que ça le démangeait.

— Émile, j'ai dit, on s'en fiche des Russes, on est là pour Essénia.

— Essénia la violoniste ? a réagi la vendeuse de saucisses, en manquant de se couper un doigt.

Des Essénia, il n'y en avait pas des légions, c'était vaguement suranné comme prénom, ça datait plus ou moins des années 1920 et du poète Essénine, « J'ai passé le temps des espérances orgueilleuses et des amours transies ». Lui au moins avait tout compris. D'autres prétendaient qu'Essénia tenait ses origines des mots « printemps » ou « automne ». Cela tombait à pic, Essénia avait des humeurs comme des saisons, des sourires éclosant à la commissure des lèvres et des torrents de larmes qui s'abattaient sur des soirées sans salut. Les femmes, elles ont leur calendrier, leurs pleines lunes, leurs constellations. Essénia me paraissait le plus doux des prénoms. Comment diable mes parents avaient-ils pu m'appeler Vladimir Lénine ?

— Elle-même, ai-je confirmé à la dame dans un espoir sidéral. Vous savez où elle se trouve ?

La foudre s'est abattue sur mon crâne :

— Elle pleure ses parents, un obus a touché leur appartement ce matin. Mon Dieu, protégez-nous de ce pouvoir ukrainien assassin, sainte Russie, venez à notre secours !

Nous avons noté l'adresse et foncé vers le quartier où Essénia était née. Les balançoires gisaient, tordues. Les bacs à sable avaient servi à remplir des sacs pour bâtir des murets. La guerre saccageait les humains, certes, mais aussi les souvenirs. Les gars de l'ouest de l'Ukraine venaient reconquérir ce qu'ils estimaient être leur territoire. Mais qui parmi eux avait exploré, avant la mobilisation, cette région austère, dure et noire ? Pour leur première visite, ils venaient avec dans leurs bagages tout un arsenal. Que savaient-ils, eux, du difficile bonheur des gens de Snejnoïe ?

— Pour qui la guerre, pour qui la terre mère ! a prononcé Émile en reprenant une expression bien connue.

Il faut faire vite avec ce genre de dénouement. Essénia, nous l'avons retrouvée dans un petit parc où les pollens des tilleuls volaient à la brise de la fin d'été. Son visage tout entier luisait à cause des larmes, elle tremblait, levait la tête vers le ciel où s'étaient envolés sa *matouchka* et son mineur de papa. Des nuages fins comme des nervures s'étiraient aux rafales des hautes strates. Elle tenait dans ses mains de musicienne une kalachnikov, à l'image du violoncelliste Rostropovitch lors du putsch de Moscou. Elle jurait innocemment qu'elle vengerait ses parents, elle s'engagerait dans le bataillon qui nous avait contrôlés à l'entrée de la ville. Je me souviens surtout de cela, de ses doigts si fins qui enchaînaient les doubles-croches dans la fosse d'orchestre de Donetsk. Ils pressaient à présent la gâchette d'un *avtomat* déchargé. J'ai revu les ballerines pleines de grâce et Essénia emmenant les violons. Des rafales sporadiques meublaient les silences et la stupeur. Le bon Émile a soufflé :

— Pose cela, Essénia, ce n'est pas un archet...

À la morgue, ses parents gisaient en bière. C'était une veine car, à côté, un amoncellement de corps nécrosés moisissaient à l'air libre. Il a fallu dénicher un pope. La mère d'Essénia n'avait trouvé que l'orthodoxie pour se consoler de la chute de l'URSS. On mit la main sur un prêtre occupé à bénir des tanks avec ferveur. Il voulut bien accorder l'absolution et encenser les lieux qui puaient la mort. Les obsèques ne se dérouleraient que trois jours après. Les cercueils devaient rester ouverts jusque-là et nous nous sommes mis en quête de fleurs. Ensuite nous avons élu domicile chez des proches d'Essénia qui résidaient dans un quartier moins arrosé. Les Ukr avaient repris leur pilonnage et je n'étais pas loin de les maudire, ces salauds, de nous libérer à coups de mortier au lieu de pourparlers. Le pope a déclaré que les âmes des parents d'Essénia étaient désormais libérées de leur enveloppe corporelle. C'était tout ce que semblait nous promettre aussi l'armée de Kiev.

Nous n'avons pas dormi de la nuit à cause des « Bakh » sourds qui retentissaient. Sur les murs était taguée la direction des abris antiatomiques de la guerre froide. Les gamins et les babouchkas s'y réfugiaient. Le troisième jour, nous avons accompagné les parents d'Essénia dans leur voyage vers le Créateur. Le père ne s'était jamais préparé pour le rencontrer. Il improviserait. Essénia lui avait fait passer son beau costume, celui qu'il enfilait d'ordinaire pour parader à la fête des mineurs. Il avait gratté du charbon toute sa vie, vécu dans la fournaise. Désormais il s'envolait vers les nuages, des abysses aux étoiles. Essénia leur avait pieusement posé sur la poitrine une icône de la Vierge. Émile était absorbé comme jamais et il m'a soufflé très sérieusement :

— Si ce déluge continue, c'est sur nos cadavres rabougris qu'on se penchera avec des larmes de crocodile et des tulipes en plastique.

Essénia pleurait comme une madeleine, répétant qu'elle n'emploierait jamais l'imparfait. Son amour pour ses géniteurs se conjuguerait toujours au présent. Elle dirait régulièrement pour eux une prière.

La journée suivante fut limpide, l'armée ukrainienne nous fichait la paix. J'appris plus tard que les « vacanciers » étaient passés à la phase active de leurs « congés ». La déroute programmée de la garde nationale avait sonné. Essénia se trouvait plus sereine et contemplait souvent le ciel. Elle levait son visage et, les yeux aveuglés, plissait le front. Je la scrutais de profil, comme lorsque je l'admirais penchée sur sa mentonnière, la tête tournée vers ses volutes. C'est de la découpe de son nez sur le bois sombre du violon que je m'étais épris. Sur un banc, elle a saisi ma main, elle s'est mise à suivre les rides de ma paume, les plissures de ma peau. Elle cherchait à savoir si je la chérirais, si je serais fidèle, si aucun autre amour ne me tendrait d'embuscade sur le sentier malfamé de l'existence, si je vivrais longtemps pour elle. Sans doute se remémorait-elle les prédictions de la méchante tzigane. J'ai soufflé :

— Essénia, lis dans mes yeux, pas dans ma main...

Elle a levé le regard, elle avait l'iris bleu nuit avec des nervures blanches et des Voies lactées semées dans son univers. Elle a planté ses pupilles dans les miennes, floues à cause des pleurs qui perlaient en grosses larmes. Elle a posé son front contre le mien, et a murmuré des mots inaudibles que je n'ai pas osé lui demander de répéter. On est restés là un moment à sceller un pacte de la prunelle de nos yeux, ne proférant que le silence et jurant devant l'éternité. Au bout d'un moment, elle a insisté en susurrant tout bas :

— Emmène-moi loin d'ici !

Qu'une femme vous conjure de l'enlever, il n'y a pas plus doux sur terre. Elle vous remet sa personne. Elle se livre sans réserve. Prendre le large avec une fille, c'est la ravir avec son consentement. Je me suis dit que l'amour était un jeu cruel où les jolies filles commencent par se moquer de vous avant de finir en chialant à votre cou. Je ne savais que proposer, elle honnissait l'Ukraine qui venait d'assassiner ses parents, qu'irions-nous faire là où

« Donbass » était désormais pire qu'une marque au fer rouge ? Elle ne voulait plus s'attarder dans cette ville où ses souvenirs de félicité étaient pilonnés. Il fallait faire une croix sur notre Ukraine à nous.

J'ai médité quelques secondes et j'ai suggéré :

— Essénia, la Crimée, c'est un bon compromis.

Retour à Donetsk

Ce jour-là, il fallut dire adieu à Émile. Il s'en retournait auprès de Zlata. Tous deux décideraient ensemble de la suite à donner à leur histoire interrompue par le soleil de Lisbonne et de l'endroit où réconcilier leur union.

Essénia souriait en même temps qu'elle contenait ses sanglots. Les traits de son visage ne comprenaient plus s'ils devaient refléter sa peine ou sa gratitude. Il ne faisait pour elle aucun doute que, sans le concours d'Émile, j'aurais ou bien déguerpi comme un lâche ou bien péri comme un incapable. Son expression était bouleversée d'un immense chagrin où perçait timidement l'allégresse. Émile ignorait sur quel pied danser. Nous avons décidé de faire silence, comme le veut la tradition et pour étouffer l'embarras. On s'est assis, les doigts entrelacés, fixant le sol de regards perdus. Je ne pouvais m'empêcher de songer que nous avions vécu un sacré été. Je suis sûr qu'Émile était de mon avis. L'issue, fût-elle heureuse, d'une longue quête est toujours un dépit.

— Mes chers amis…, s'est lancé Émile.

— Ce ne sont pas des adieux, a dit Essénia.

— On se revoit dans vingt ans, pour de nouvelles pérégrinations ! ai-je plaisanté sans conviction.

— Évidemment ! Prudence surtout, donnez des nouvelles et n'ayez cure que du bonheur.

Et il a tourné casaque, ne laissant plus voir que sa large échine.

Pour quitter le Donbass il fallait, à l'acmé des affrontements, trouver un passeur qui vous dépouillait de vos derniers sous. Émile étant reparti avec sa Volga cabossée et fêlée, nous avons dû nous acquitter d'une petite fortune pour franchir les lignes de front qui se mouvaient dans la steppe plus vite que les nuages dans le ciel. La canicule plombait l'atmosphère et en rajoutait paradoxalement à l'angoisse. Nous avons mis le cap sur Donetsk en priant très fort les dieux de tous les patriarcats. La coupole d'une église avait été crevée par un obus, des engins disparates manœuvraient partout. Les séparatistes menaient leur contre-offensive avec l'appui de cohortes fantômes ; le spectre du Kremlin planait sur les plaines embrasées.

À Makeevka, les usines ne crachaient plus leur fumée. Nous avons traversé la ville de blok-post en barricades. Les arbres aux feuilles brûlées par l'été laissaient présager de l'automne. Le panneau « DONETSK » avait perdu son signe mou. Il était désormais orthographié à la russe : Донецк plutôt que Донецьк. Et c'est pour cette lettre muette qu'on rejouait Stalingrad ! Nous avons enfilé l'avenue du camarade Artiom. Tout était à vendre ou à louer, des planches de contreplaqué recouvraient les vitrines. Elles affichaient toutes d'explicites « Liquidation ». Seules les boutiques de valises avaient pu se défaire de leur marchandise. Leurs propriétaires s'étaient gardé les plus volumineuses pour se faire la malle. On nous a déposés dans une cour. Je me souviens que sur un mur une plaque disait : « Ici cent cinquante personnes furent brûlées vives par la Wehrmacht. Éternelle mémoire. »

Près de la majestueuse bibliothèque Kroupskaïa – la femme de Lénine –, nous avons retrouvé ma voiture miraculeusement intacte. Aucun pillard n'avait jeté son dévolu sur ma pauvre Lada. J'ai pris Essénia par la main et nous nous sommes dirigés vers l'entrée des artistes. La vieille gardienne était là, fidèle à son poste. Elle a écarquillé les yeux.

— Vous, maestro ? En bonne santé ! Et mademoiselle Essénia ! Mon Dieu ! Quelle joie ! a-t-elle chuchoté. Après ce 9 Mai… Quelle histoire !

— Pas un mot, nous ne faisons que passer… Merci pour toutes ces années… Courage… Tout ira bien !

— Tout ira bien, dites-vous ? J'ai monté des spectacles en 1941 pour les SS sous l'Occupation, monsieur Vladlen ! Ces révolutions, ces guerres et ces sécessions n'entament en rien mon pessimisme ! Les andouilles ! Ils promettent chaque fois de lumineux futurs de tous les bords… Est-ce que j'ai vingt ans pour y croire encore ? Tout ira bien, que vous dites ! Mentez-moi si vous voulez mais pas à cette jeune perle ! a-t-elle conclu en désignant Essénia.

« Tout ira bien », c'est une phrase rhétorique qu'on prononce en russe quand on n'a rien de mieux sous la langue ou dans la gorge. On dit aussi : « On verra », mais c'est moins prometteur. J'ai fait mes adieux à la concierge. Nous avons emprunté les escaliers des coulisses et pénétré dans la salle monumentale, plongée dans les ténèbres, avec ses rangées de fauteuils cramoisis sagement repliés.

L'immense parquet en fines lattes de bois de la scène s'étendait jusqu'à la fosse d'orchestre. L'obscurité et le silence enveloppaient les balcons et le bel étage. Nous nous sommes souvenus : les musiciens arrivant en ordre dispersé, les retardataires tirant leurs dernières bouffées de tabac devant l'entrée des artistes. Rien ne pressait plus dans ces existences scellées par un destin commun, celui de ceux qui s'étaient rêvés virtuoses et qui pourrissaient dans un orchestre de seconde zone. Nous avions perdu la flamme à force de récitals à grands-mères, de bel étage vide à pleurer et de parterres clairsemés. Pour mettre du beurre dans les épinards, il n'y avait guère que les étudiants chinois du conservatoire. Les applaudissements ne me rappelaient plus que le bruit de la pluie tambourinant sur le toit. Aux répétitions, la fosse résonnait de mille sons discordants, chacun accordant son alto, son violoncelle, ou bien chauffant son hautbois. En serrant Essénia contre moi, j'ai levé une baguette imaginaire pour mettre fin au tintamarre de souvenirs qui bourdonnait à nos oreilles. J'ai souri malgré moi. Je les revoyais, mes musiciens, sans fard, habillés comme pour le marché, en débardeur ou flottant dans des atours domestiques. Le joueur de piccolo tenait son minuscule instrument entre des biceps gonflés par la pratique des haltères. Les dames des troisièmes violons débattaient de leurs pendentifs. Ce sont tous ces détails qui me réjouissaient chaque fois que j'exigeais le silence en brandissant ma baguette. D'un coup, je tirais un trait sur la réalité et le quotidien, les chagrins et les commérages.

Nous interprétions parfois des œuvres accompagnant des concours « internationaux » de ballet. À Donetsk, cela signifiait que participaient quelques Kazakhs, trois Turkmènes et un Mongol. Les ex-républiques soviétiques étaient devenues étrangères les unes pour les autres. Je faisais lever les archets. Parmi les premiers violons, il y avait Essénia. Plus loin, au violoncelle, Zinaïda, cette amourette qui avait trop vieilli et peu vécu. Le percussionniste se présentait irrémédiablement au second mouvement, essoufflé, juste à temps pour son premier coup de cymbales. Il calquait son retard sur la partition. Un jour, une ballerine déboussolée avait chuté de la scène et enfoncé la contrebasse voisine. Sans sourciller, il avait frappé la grosse caisse en mesure avant de lui porter secours. En Occident, on tendait des filets pour que les danseuses étoiles ne s'abîment pas au fond des fosses. « Europe » signifiait dépoussiérer les théâtres et tous les ministères. Nous entretenions une armée de couturières confectionnant des costumes pour les mises en scène anglaises ou hollandaises. Un opéra-atelier, voilà où nous en étions après ces vingt années d'indépendance ukrainienne !

Une bombe avait plombé le décor. Le gigantesque lustre de cristal en tremblait encore. Essénia me tenait la main, nous communiquions nos émotions par pression de nos doigts et phalanges. Qu'étaient devenus tous ces concertistes ? Les artistes, dans ce genre d'affaire, sont ceux qui détalent en premier. Les ballerines enchaînaient déjà les pointes à Berlin, la grosse caisse battait à un festival de jazz, quelque part dans le monde insouciant. Nous nous sommes embrassés longuement et puis nous avons fait nos adieux à un public de fantômes avec force courbettes et rappels. Nous avons filé chez Essénia ramasser quelques affaires et récupérer son violon. À l'entrée de l'immeuble, les petites annonces proposaient des appartements à ceux qui fuyaient les quartiers exposés. Dans la cour, des gamins avaient érigé une précaire barrière avec quelques branches. Essénia a reconnu son petit voisin, l'a gratifié d'un sourire maternel et lui a demandé à quoi ils jouaient.

— À la sécession du Donbass, tata Essénia ! C'est notre blok-post ! Quelle est votre destination, citoyenne ? Votre sauf-conduit !

Essénia a eu une mine peinée et lui a caressé la tête, machinalement. Les mômes jouaient à la sédition, comme les petits Soviétiques jouaient aux nazis et à l'Armée rouge. Sur le perron, un autre, déguenillé et pouilleux, dessinait une école en feu. La mère était sur le palier, en haut de l'escalier :

— Essénia, vous voilà revenue ! Quel bonheur ! Parce qu'il n'y a plus grand peuple dans l'immeuble, savez-vous… C'est comme vivre seuls dans une grande maison froide… Venez prendre le thé… Jouez-nous un air de violon, pour oublier tout ce vacarme. Quelle joie, Essénia !

— Nous quittons la ville nous aussi… Je suis désolée… Vous allez rester ?

— Ekh… Nous n'avons pas d'argent, Essénia…, a avoué la voisine éplorée, et quand bien même… Les obus, cela ne m'inquiète pas tant que cela… Pas tant qu'un exil, Essénia… Ekh ! je suis casanière... Je n'ai jamais vécu ailleurs qu'à Donetsk. Et puis où aller ? En Russie ?

Il a fallu couper court et tout rassembler en un éclair car un KamAZ chargé d'un orgue a brusquement fait irruption dans la cour. Il s'apprêtait à arroser les positions ukrainiennes, prenant en otage les immeubles et les citadins. L'ennemi riposterait. Même les chiens se sont mis à ramper à l'ombre des murs. La voisine a saisi son enfant par la main et s'est dirigée vers les caves. Nous avons filé vers un autre quartier, en quête de provisions. Au magasin, les étals étaient nus, marqués des auréoles de poussière de conserves enfin vendues. Une queue longeait la vitrine. Le soleil dorait les nuques baissées. Un gars est arrivé qui a dépassé toute la queue pour se présenter au comptoir, pistolet à la ceinture. Une babouchka a protesté vertement et a récolté un :

— Je vous défends de la junte fasciste de Kiev et c'est ainsi que vous me traitez ?

Personne n'a bronché. Nul n'était besoin de connaître le type pour comprendre qu'il ferait payer au monde entier son éducation manquée, la cour pourrie où il était né, sa condition lésée, les brimades des puissants et son rendez-vous raté avec la vie. C'est la guerre qui fait les héros. Son heure était advenue. Le soleil d'été asséchait la file d'attente. Dans le magasin, il ne restait que quelques bouteilles d'eau potable. L'eau courante était polluée par les métaux des canalisations. Elle était de toute façon coupée. On en avait fait des réserves dans les baignoires et des bassines, ou bien on patientait devant les pompes municipales. Mais cela n'était plus pour les anciens esclaves !

Le gars au pistolet a exigé du cognac pour

s'assommer. Puis il a crié à la file d'attente aux nuques baissées :

— Vous saviez que, dans les toilettes du palace de Donetsk, il y avait de vrais pétales de roses fraîchement coupées pour agrémenter les cuvettes des chiottes ? Merde ! Moi, j'économisais trois mois pour offrir une fleur à ma femme le 8 Mars. Vive la République de Donetsk !

Et il s'en est allé avec son *gun*, sa gueule de pirate sabordé et son treillis plus vert que les feuillages des tilleuls. Une Natacha l'attendait qui n'avait pas besoin de chrysanthèmes ni de bouquets. Pour draguer, il fallait désormais balader une kalachnikov et un chapelet de grenades à la ceinture. Peut-être aussi qu'il l'emmènerait roucouler dans une faramineuse demeure abandonnée par un riche oligarque. Ils se vautreraient dans le luxe kitsch des nouveaux riches enfuis à l'étranger.

J'ai chuchoté à Essénia :

— Et zut, on s'en va ? Je n'ai plus faim ni soif.

Nous avons filé par les allées désertes. Les seuls civils étaient des vieillards cacochymes qui n'avaient plus rien à perdre qu'un tas de souvenirs embrouillés. Arrivés sur la place centrale, des tankistes saouls dansaient sur un blindé en sifflant les filles. Ils célébraient la contre-attaque en faisant le signe V. Ils rejouaient la victoire. Quelques babouchkas proposaient du kvas pour se désaltérer au milieu de cette pagaille de fin d'été. Et dans les hôtels encore ouverts, on croisait pêle-mêle observateurs internationaux, prostituées, leaders séparatistes, mercenaires caucasiens et anonymes agents de renseignement. Derrière les comptoirs d'accueil, sur les étagères, les drapeaux ukrainiens, russes ou républicains étaient prêts à fêter n'importe quelle armée. Pour l'heure, les réjouissances ne concernaient que le mariage incongru d'un milicien séparatiste dans une salle de bal où les invités hurlaient l'hymne soviétique :

Union indestructible
Des libres républiques
Ralliées à jamais par la glorieuse Rus'.

Les accidents avec des blindés étaient légion après ce genre de festivités. Essénia a décidé de s'éloigner :

— Vladlen, retournons sur le boulevard Pouchkine, là où tout a commencé.

J'ai garé ma ferraille. Nous avons déambulé sous les frondaisons torréfiées. Une allée de branchages roussis protégeait les rares passants des ultimes après-midi caniculaires. Un an auparavant, des foules se mouvaient dans la liesse jusqu'au parc Cherbakov. En bas du boulevard piéton, j'ai contemplé une dernière fois mon monument soviétique favori. Ni Lénine, ni Artiom, ni Dzerjinsk, mais les stratonautes. Ils avaient péri en 1938 dans le ciel de Donetsk à bord d'un ballon stratosphérique. C'était pour l'Union, pour le progrès, pour l'humanité. Gloire aux héros ! La sirène de DMZ, l'usine métallurgique, a soudain retenti pour rameuter les métallos. Elle rythmait la vie de Donetsk depuis plus d'un siècle. La guerre ne l'avait pas fait taire.

Vers la mer d'Azov

Nous avons pris le volant direction Marioupol, sur la route défoncée par les chenilles des chars. Les barrages ukrainiens étaient érigés en véritable frontière internationale. Une colonne de véhicules et de soldats épuisés piétinait fiévreusement. Ils réparaient leurs équipements de fortune. La veille, les séparatistes avaient fait pleuvoir un feu de tous les diables. Des blessés allongés comptaient les nuages cotonneux défilant dans le ciel, hagards, près d'un champ grêlé de cratères. La garde casquée suait de chaleur. Une file de véhicules patientait. Le Donbass, région la plus densément peuplée d'Ukraine, connaissait une hémorragie. À notre tour, les militaires ont ouvert la portière arme au poing. Essénia semblait blême sous le blanc soleil d'août tombant sur ses cheveux soyeux par l'échancrure d'un nimbus.

Je priais silencieusement pour qu'ils n'aient pas la présence d'esprit d'inspecter le bout de ses phalanges. C'était une des techniques pour identifier les tireurs. Elle avait la pulpe des doigts légèrement râpée par la gâchette de l'arme qu'elle avait maniée compulsivement dans son chagrin. Mais ils ne s'inquiétaient que de moi. Avais-je combattu contre l'Ukraine ? Je me suis offusqué, j'étais chef d'orchestre. Nous avions des têtes d'anges et de virtuoses. Ma frêle carrure rassurait les plus soupçonneux. C'étaient de bons gars qui croyaient se battre contre le diable. Qui, sinon le démon, avait pu dresser un tel mur entre les Slaves ? Brusquement, l'une des recrues a soulevé le coffre et a hélé ses collègues en ukrainien. Ils m'ont poussé vers l'arrière de la voiture.

— Qu'est-ce qu'il y a là-dedans ? ont-ils interrogé en montrant la boîte à violon.

J'ai ouvert l'étui, ils ont vu les volutes et baissé les kalachnikovs. J'ai mis le contact et zigzagué entre les fortifications, les tourelles et les chars. Puis j'ai accéléré sur la route qui s'offrait à nous comme un boulevard vers le Sud et la liberté. La steppe ondulait savamment, coupée de ruisseaux à l'agonie, rarement ombragée. Dans le sens inverse, des blindés dépareillés montaient vers Donetsk, où la victoire annoncée se trouvait compromise. L'état-major s'était mis à douter. Le ministre de la Défense avait cessé de fanfaronner. Encore un peu et l'armée serait encerclée dans le chaudron d'Ilovaïsk, une misérable bourgade, théâtre d'une cuisante défaite. Des centaines périraient, des milliers se rendraient à l'improbable République de Donetsk, aussi hypothétique que l'insurrection bolchevique de 1917.

Au village grec de Bougas, nous avons fait un crochet pour visiter ma mère. C'était son hameau natal, elle s'y était réfugiée. Les habitants étaient soviétisés jusqu'à la moelle et leur sang ne servait qu'à réclamer la nationalité d'une Grèce elle-même sinistrée. Nous l'avons trouvée dans son potager, je lui ai présenté Essénia. Elle a soupiré mille fois pendant que la théière chantait. La guerre s'est imposée comme sujet. Essénia a déclaré qu'il y avait toute la banquette arrière de la Lada et qu'on l'emmenait. Ma mère a soupiré encore avec des « Ekh », des « Akh », en chassant l'air étouffant de sa main ridée. Vanité que de songer refaire sa vieille vie. Elle était en train de trier ses pommes de terre déterrées des sillons. Les récoltes sont immuables, comme les révolutions de la Terre et le cycle des saisons. Je crois qu'elle ne désirait plus se fier qu'à cela. Essénia écoutait avec bonté ses plaintes sur les calamités des siècles, le précédent et celui qui s'amorçait si mal. À l'échelle de sa destinée, cette guerre n'était qu'une échauffourée. Elle était âgée et usée. La faute à qui ?

— Le temps est le seul coupable jamais inquiété, a-t-elle lâché. Les autres, Dieu les jugera pour leurs méfaits.

Elle geignait puis se taisait. Enfin, elle a confié, comme si c'était l'unique énigme de son existence :

— Je n'ai jamais compris pourquoi il y a toujours eu trois classes dans les trains. N'était-ce pas le communisme ?

L'URSS avait menti, elle le savait depuis la dissidence et les samizdats. Ils avaient tous servi de cobayes à une expérience idéologique. Pourtant, elle paraissait ne pas lui en tenir rigueur, comme à un homme volage qui l'aurait malgré tout fait rêver. Maintenant que tout était écroulé, qu'elle-même était fanée, je comprenais que ma mère remontait le fil de ses origines, comme un sourcier, comme chacun sur ses vieux jours. Le cimetière des souvenirs est l'antichambre de celui des corps. Je dégustais le thé très noir en errant du regard. Ses maigres récoltes de légumes étaient entreposées dans des seaux à l'entrée. Au-dessus, une robe grecque ancienne décorait un mur à nu. Je n'avais pas souvenir de l'avoir jamais vue ailleurs que dans le placard d'à côté dont une photographie de l'Acropole recouvrait l'un des battants. Les révolutionnaires de Maïdan avaient prétendu qu'ils luttaient pour l'avenir ? Ils nous avaient replongé la tête jusqu'au cou dans notre passé confus. Chacun faisait les tiroirs pour se trouver un costume de secours face au délitement et au désarroi. Ma mère revenait au mythe fondateur.

Nous avons pris congé dans une symphonie de soupirs. À Volnovakha, on nous informa que le chemin de fer était dynamité, paralysant l'approvisionnement en charbon des gigantesques hauts-fourneaux de Marioupol. L'Ukraine se trouvait à court d'anthracite. Pour compenser, les centrales nucléaires de Zaporozhye flirtaient avec leurs limites. À la radio, les ondes relayaient des informations démentes : les Russes avançaient le long des côtes de la mer d'Azov. Les administrations faisaient leurs cartons, les patriotes ukrainiens se préparaient à l'exil. Essénia avait le front plissé de douleurs intérieures. Je lui ai promis de faire allegro comme dans une saison de Vivaldi :

— On passe Marioupol, et la Crimée est à nous, Essenka.

Essenka, c'était un diminutif d'Essénia, c'était mon amour à moi. J'ai roulé à tombeau ouvert pour me faire pardonner mes travers. La Lada volait sur l'asphalte rapiécé. Au bout d'une heure, l'aciérie d'Ilitch a surgi de la steppe. Ilitch, le patronyme de Lénine. Le Donbass rouge. Marioupol est apparu dans une ambiance pénible. À l'est, l'horizon était noirci de fumées sombres. Aux portes de la ville, des dizaines de chars aux couleurs de l'Ukraine se tenaient sur le bas-côté et en travers de la route. Au blok-post, des militaires ont mis la voiture en joue. Je suis sorti avec un canon sur la tempe. Essénia a présenté nos papiers. Elle a souri tristement en affirmant que nous ne souhaitions que la liberté. C'était un mot sans parti. Chacun a son idée de la volupté.

Parmi les militaires en faction à l'entrée de la cité métallurgique de Marioupol, on distinguait de très jeunes recrues, aux joues tendres, aux gestes mal assurés, aux regards trop doux. J'allais remonter dans la voiture quand j'ai croisé le regard de l'un d'eux, ombragé d'une casquette kaki, me fixant avec insistance. Il m'a fallu quelques secondes pour reconnaître mon fils, affublé d'une vareuse trop large, une mitraillette pendant négligemment en bandoulière. L'émotion m'a pris à la gorge comme un bouledogue. Je fuyais enfin et lui rejoignait un front qui ployait sous une avalanche de munitions ! Malgré leur nombre, ils seraient vaincus par des hommes plus aguerris et des généraux d'une autre trempe.

Je me suis figé dans une position inconfortable, un pied sur l'asphalte, l'autre au plancher de la Lada, accoudé à la portière ouverte. Ma tête esquissait un : « Non » imperceptible à son adresse. Il devait déserter. Il rejoindrait la Grèce et son archipel. Ma mère prouverait ses racines, il irait au consulat plaider son dossier. « Donbass » était désormais synonyme d'« apatride ». Il referait sa vie en Europe plutôt que dans cette Ukraine écartelée et scindée comme deux plaques tectoniques par un rift invisible. Essénia s'impatientait. Les soldats autour fronçaient les sourcils. Mon cerveau en ébullition ne trouvait pas la solution. Je me suis résigné à me rasseoir. J'ai chuchoté à Essénia de prendre un papier et d'y griffonner les mots que je lui dicterais.

— Essenka, vite, écris : « Fiston, n'y va pas, les Russes sont là, vous n'avez aucune chance. »

— Pardon ? Ton fils est ici ? a répondu Essénia, affolée.

— Là, parmi les appelés, oui… Mets encore : « Pense à la Grèce, fiston. »

Je conduisais avec une lenteur extrême, ne le perdant pas des yeux. La voiture est passée au niveau des conscrits puis les a dépassés. Essénia composait une mélodie sur une portée improvisée en clé de fa, à coups de croches, de noires et de rondes. C'était un code abscons que les musiciens savaient tous déchiffrer. Chaque note valait pour une lettre selon une correspondance complexe. Nous étions engagés entre deux colonnes, rangés sur les bas-côtés. J'apercevais mon fils dans le rétroviseur. Je me suis glissé derrière le dernier tank, en feux de détresse. J'ai fait le tour de la carlingue et des jantes, l'air absorbé. Il jetait des regards en arrière depuis le check-point. J'ai coincé le message dans un collier métallique du panneau indiquant l'entrée dans Marioupol. Des militaires s'approchaient en ordonnant de foutre le camp.

À Marioupol, nous avons erré entre les fonderies titanesques. Azovstal, l'« acier d'Azov », flanquait la mer de sa forêt de tuyaux crachant des volutes grisâtres. Nous roulions par les boulevards trop larges au centre desquels cahotaient des tramways fantômes. Une carcasse calcinée encombrait le dépôt et son conducteur n'était plus de ce monde. Ce n'était rien à côté de cette femme enceinte étranglée dans un bureau de change pour les derniers dollars qu'il contenait. Je ne parvenais pas à m'orienter, bouleversé par la vision de mon fils en fantassin. Nous avons débouché au hasard des rues sur la plage, longée de rails. La garde nationale y creusait des tranchées.

C'est à Marioupol en 1988 qu'avait été tourné *La Petite Vera*, le premier film contenant une scène érotique dans le cinéma soviétique. Tout le peuple de l'ex-Union connaissait cette pellicule. On y apercevait vaguement un sein dans la pénombre. C'était une révolution culturelle dans l'URSS du « *Sexa niet !* ». Une évolution à l'occidentale, un geste d'ouverture, comme disent les politiques. J'ai garé la voiture à la sortie vers Berdiansk, en rase campagne. On a fait l'amour sur les sièges à gros ressorts pour célébrer la sortie du Donbass. Par le pare-brise, on voyait l'or des épis et le bleu du ciel. Les récoltes et les fenaisons seraient sanglantes. Le blé cru serait bouffé par des affamés rampant dans les sillons. Essénia m'embrassait en renversant la tête vers les branches d'où voletait une première feuille. Et elle me chuchotait :

— Qu'allons-nous devenir ?

Nous avons repris nos esprits, la petite route sinueuse longeait la mer. Les stations balnéaires étaient bourrées de vacanciers en sursis. Les gens étaient partis en maillot de bain, imaginant revenir pour la paix. Ils n'avaient pas prévu de chapka pour l'hiver. Et la guerre qui prenait ses quartiers ! Le 1er septembre venait de sonner dans les cours d'école, vides de leurs élèves. Nous avons passé Melekino et puis Berdiansk. Le crépuscule s'amorçait, irradiant des rayons obliques et doux. Essénia a voulu passer la nuit sur une flèche de sable, l'unique beauté de la mer d'Azov, comme des dards piquant les eaux, des îles reliées par une fine plage à la terre. Nous avons loué pour une poignée de grivnas dévaluées une chambre donnant sur les flots d'argile. Le voile indigo de la baie vitrée entrouverte était aspiré par la brise. Un lit regardait un plafond blanc. Essénia s'est étendue, exténuée, une mèche de cheveux glissée entre ses lèvres. Je suis allé me rincer sous le jet froid d'un large pommeau de douche. Je l'ai rejointe, me suis allongé à sa gauche, l'enlaçant, et le sommeil nous a pétrifiés dans une posture sculpturale.

L'aurore a surgi du côté de Taganrog. La mer, si peu profonde, clapotait comme les eaux d'un lac d'altitude. Un enfant haut comme trois pommes avait pied à cent mètres du rivage. Le vent s'est levé. Quelques vagues ont raclé les hauts-fonds en de noirs rouleaux. Essénia s'est éveillée. Elle a repoussé ses cheveux de jais et a titubé vers le balcon en cherchant le soleil levant, les yeux mi-clos, tel un tournesol. Assis sur le lit défait, je contemplais, béat, ce bonheur qui naissait. Essénia s'est retournée, la main en visière, elle m'a souri.

— Mélitopol, Simféropol, Sébastopol, ai-je promis.

« Pol », cela venait de *polis* et de la Grèce antique. L'empire était truffé de ces références helléniques. Jason et les Argonautes avaient navigué sur la mer Noire, s'étaient établis en Crimée quelques siècles avant Jésus-Christ. Je me complaisais à songer que j'allais sur les traces de ces lointains aïeux. J'emportais Essénia vers les comptoirs du Pont-Euxin. Nous avons atteint Nikolaev, « la ville des fiancées ». Des armées de jeunes filles convoitaient les hommes d'ailleurs pour quitter cette méchante cité aux chantiers navals jonchés de vieilles coques rouillées. Pourtant, que de vaillants navires soviétiques étaient sortis de ces hangars colossaux ! Enfin, à Kherson, nous avons pu regarder s'écouler le Dniepr depuis la rue de la Grande-Catherine, l'ancienne Nouvelle Russie…

Crimée azur

Malgré l'omerta, la débandade kiévienne finit par crever les écrans. Nous vécûmes cela par procuration. Émile m'appelait. Avec Zlata, ils étaient bloqués à Shakhtersk. L'armée ukrainienne se repliait à la hâte. Ce fut le carnage de la chair à canon juvénile. On les avait mobilisés à Lviv, à Tchernivtsi, à Ivano-Frankivsk, à Zaporozhye. Leurs divisions se retrouvaient prises en tenailles. En face, un nombre à jamais secret de soldats russes repartaient au pays emmaillotés dans des linges immaculés. Leurs cercueils étaient frappés de la fameuse mention « *Gruz 200* », celle des corps de militaires rapatriés des champs de bataille. Une croix et une tombe muette seraient leur dernière demeure, offerte par la patrie. Personne ne devait apprendre qu'ils étaient tombés au Donbass dans une offensive sournoise et officieuse.

Mon fils, encerclé, à court de munitions et de vivres, cantonné dans des abris pilonnés jour et nuit, lâché par la hiérarchie, se rendit avec toute son unité. Ils rentrèrent aussitôt à la maison. Les Donbassiens n'étaient pas des bourreaux. Grisés par leurs conquêtes, ils relâchaient les recrues trop fraîches de l'armée régulière. Leurs largesses étaient censées conquérir les cœurs. Ils n'en voulaient qu'à la « junte de Kiev ». Mon fils avait trouvé mon message en faisant mine d'aller uriner dans les fossés. Il avait déserté à sa manière, comme des pans entiers de militaires, en abdiquant face à l'insensé, en levant le drapeau blanc. Revenu auprès de sa mère, il révisait son grec, préparait ses certificats estampillés, ses attestations visées et ses copies conformes pour une queue interminable avec la jeunesse d'Ukraine devant les consulats étrangers. Il gonflerait le torrent abondant de l'émigration. Rester était désormais un acte de haut patriotisme.

Avec Essénia, nous avons fait comme beaucoup, nous nous sommes coupés du monde, ainsi que la Crimée l'était devenue. La communauté internationale dénonçait son rattachement à Moscou. La péninsule abritait pourtant le palais des Tsars à Livadia, Sébastopol et Yalta ! Nous y sommes parvenus sans encombre. Nous avons traversé les terres des Tatars, et un beau matin est apparue la mer Noire. Les vignobles accrochés sous les falaises, la mer scintillant au soleil. On y croisait le Donbass tout entier. À Kiev et ailleurs pesait sur eux la suspicion. Trouver un appartement, une place pour son gamin à l'école ou un emploi y relevait de la gageure. La Crimée était devenue la plus ukrainienne des Russies après avoir été la plus russe des Ukraines. Le programme scolaire dépendait désormais du ministère russe. On y réciterait du Pouchkine et non plus du Chevtchenko.

La guerre bouleversait les destins, accélérait les mariages, les exils, catalysait les rêves d'évasion et les ambitions. Chacun se révélait à l'épreuve de la peur et l'atmosphère de drame exaltait les sentiments. Essénia m'aimait enfin. Le conflit avait jeté des milliers de gens dans les trains. Certains ont refait leur existence. Ils en rêvaient sans l'oser. La vie les a poussés dans le dos. Au bord du ravin, ils ont découvert qu'ils savaient voler. Le Donbass qu'ils ont connu n'existera jamais plus. Moi, je savoure mon salut. Le bonheur, certains l'imaginent comme une route sur laquelle on court éperdument, mais c'est plus sûrement un sentier funambule.

Essénia joue parfois du violon dans cette bâtisse époque Empire que nous avons louée. Ses mélodies klezmer emplissent les vastes pièces aux hauts plafonds. Nous n'allons pas rester. La Crimée est une escale provisoire, de ces haltes salvatrices, entre fuite et dessein. Nous reprenons notre souffle. Mon fils a reçu ses papiers pour la mer Égée, il m'a tout expliqué par le menu. En attendant, je fais le taxi, comme tous les hommes du Donbass qui n'ont qu'une auto à faire valoir. Je m'affale dans ma Lada usée et je saisis ma radio. J'emmène des filles perchées sur des talons vertigineux dans les discothèques déjantées. La jeunesse ne sait plus marcher, elle préfère parader. Tout Moscou débarque de nouveau à Yalta pour des noubas dignes du faste de l'Empire retrouvé.

Épilogue hivernal

— Essénia ? Essénia, tu dors ? Essénia, Émile a téléphoné, le Donbass est à nouveau en feu, les champs de neige sont mouchetés de cratères noirs, les tanks sont couverts de givre, les obusiers crachent leurs flammes dans l'air sec et glacial…

— Tais-toi, Vladlen, écoute le rythme des vagues, entends la clameur du large, laisse-moi mourir pour quelques heures.

Essénia s'assoupit, je sors sur la terrasse. La mer Égée engloutit corps et âme. Le regard s'y noie. Chaque aube, je vais sous les cyprès dans le parc accroché à la montagne. Il surplombe le fracas des vagues enfantées par la houle. J'essaie de ne plus lire les journaux mais la rumeur colporte sans fin l'écho de mon Donbass natal. Elle raconte l'hébétude, la faim, l'aversion. L'hiver est là déjà et c'est la guerre encore.

La nuit, si je ne sors pas promener mon insomnie, je scrute les étoiles à travers les rideaux qui me voilent l'univers. J'écoute le ressac. Les chars ont remplacé pour longtemps les tracteurs dans les sillons gelés. Le Donbass est désormais réglé sur le fuseau horaire de Moscou. Les miliciens séparatistes ont troqué leurs treillis vert kaki pour des combinaisons immaculées. Les conscrits ukrainiens se terrent dans des tranchées et crachent leur pneumonie. Les feux sont interdits à cause des tireurs embusqués. La bataille fait rage pour le nœud ferroviaire de Debaltsevo. Le sang souille les derniers flocons. Le front de l'Est est ressuscité.

La mer, la Grèce et la mer nous ont sauvés. Nous sommes allés nous échouer sur ses grèves. Elle gronde sous nos fenêtres, elle moutonne l'horizon, elle lave le monde.

À Kiev et dans tout le pays, on se range derrière la bannière jaune et bleu. La révolution a maquillé ses défaites en un sacrifice héroïque. On ne cancane plus dans les cafés que du temps qu'il fait. Tout bémol à la ferveur nationaliste est un acte subversif.

Les vagues harcèlent les récifs, quelques flocons voltigent et fondent dans la houle. La mer est lourde. Les souvenirs s'acharnent. Essénia repose au pays des merveilles. Je contemple son visage posé sur l'oreiller. Elle émerge au beau milieu des ténèbres. Elle voit de mauvais rêves sur l'écran noir de ses paupières closes. Depuis des semaines c'est ainsi, elle sommeille profondément, jusqu'à une crise d'angoisse nocturne, quand moi je m'écroule enfin sous le coup de la lassitude. Nous veillons à tour de rôle et, au moment de la relève, nous échangeons quelques mots dans l'intimité de l'obscurité :

— Essénia, tu sais… la Volga d'Émile…

— Quoi Émile ? Quoi la Volga ? Où sont-ils ?

— À Kiev, bien sûr… La Volga a été brûlée par des patriotes ukrainiens… Tu penses ! Une voiture soviétique et qui portait une plaque d'immatriculation du Donbass !

— Comme cela vous ne repartirez plus en vadrouille..., a conclu Essénia.

Et elle est allée prendre son tour de veille, si belle, dans une nuisette en flanelle.

DU MÊME AUTEUR

Aux Éditions Stock

L'HIVER AUX TROUSSES. VOYAGE EN RUSSIE D'EXTRÊME-ORIENT, 2015 (Folio n° 6100). Prix Alphonse de Montherot de la Société de géographie, Toison d'Or du livre d'aventures

ANTHRACITE, 2016 (Folio n° 6469)

SAISONS DU VOYAGE, 2018

Aux Éditions Phébus

VLADIVOSTOK, NEIGES ET MOUSSONS, 2011 (Libretto n° 409)

LE NORD, C'EST L'EST. AUX CONFINS DE LA FÉDÉRATION DE RUSSIE, 2013 (Libretto n° 479)

LE CŒUR ET LES CONFINS, 2014 (Libretto n° 503)

Aux Éditions Paulsen

LA MER DES COSMONAUTES, 2017

Composition Nord compo
Impression Maury Imprimeur
45330 Malesherbes
le 12 mars 2018.
Dépôt légal : mars 2018.
Numéro d'imprimeur : 226114.

ISBN 978-2-07-271690-4. / Imprimé en France.

313118